KYUNG HEE KOREAN

경희한국어

중급 1

문법

경희한국어

중급 1 문법

초판 1쇄 발행 2020년 3월 23일
초판 5쇄 발행 2025년 11월 10일

지은이 오수진 김서현 신영옥 주상헌 길지수 도원숙
최문진 탁진영 윤연진 김성용 홍윤기
펴낸이 김진상
펴낸곳 경희대학교 출판문화원
일러스트 이미지포유

주소 서울 동대문구 경희대로 26
전화 02-961-0106~8
팩스 02-961-0291
설립 1960년 9월 16일 제5-8호
등록 1977년 11월 8일 제6-5호
홈페이지 www.khupress.com
전자우편 press@khu.ac.kr

ISBN 978-89-8222-649-6 (14700)
978-89-8222-641-0 (14700) 세트

* 표제서체 ⓒ한국관광공사 경기도체
* 이미지 제공: 게티이미지뱅크, 게티이미지코리아

KYUNG HEE KOREAN

경희한국어

중급 1

문법

경희대학교 출판문화원

머리말

경희대학교는 1993년에 한국어교육 과정을 개설한 이래 학습자가 한국어와 한국 문화를 재미있게 배울 수 있도록 노력해 왔다. 《경희한국어》 교재편찬위원회와 출판문화원은 그간의 교수 학습의 성과를 기초로 하여 《경희한국어》를 새롭게 출간한다.

이번에 출간하는 한국어 교재는 《경희한국어》 중급 1과 중급 2의 '문법', '듣고 말하기', '읽고 쓰기', 고급 1과 고급 2의 '문법', '듣고 말하기', '읽고 쓰기' 12권이다. 이로써 '첫걸음'을 시작으로 한 《경희한국어》 시리즈 총 19권을 완간하게 되었다.

'문법'은 학습자가 반드시 익혀야 할 문법 항목을 중심으로 학습 내용을 구성하였다. 연습 문제와 과제를 넉넉히 제시하여 해당 문법의 의미와 기능을 익히도록 하였으며 적절한 상황 맥락을 제시하여 문법 항목을 활용해 말하기 활동을 하도록 하였다.

'듣고 말하기'는 주제와 관련된 듣기 활동과 말하기 활동이 긴밀하게 연관되도록 구성하였다. 듣기를 통해 이해한 내용이 말하기의 주요 소재가 되도록 하였으며 다양한 상황을 제시하여 학습자가 스스로 응용하여 말할 수 있도록 내용을 짰다.

'읽고 쓰기'는 주제에 관한 읽기 활동과 쓰기 활동이 유기적으로 결합되도록 구성하였다. 학습자 수준에 부합하는 읽기 자료를 제공함으로써 한국어 텍스트에 대한 문식력을 키우도록 하였다. 더불어 읽기 텍스트를 모방하는 쓰기 활동뿐만 아니라 학습자가 자신의 문화적 배경, 경험, 지적 능력을 충분히 발현하여 쓰기 활동을 할 수 있도록 쓰기 과제를 구성하였다.

《경희한국어》 출간에 맞추어 《경희한국어》 교재편찬위원회는 경희사이버대학교와 함께 온라인 한국어 강의도 개발하였다. 학습자가 《경희한국어》 온라인 강의를 자율적으로 학습함으로써 보다 정확하고 유창한 한국어를 구사할 수 있도록 설계하였다. 아울러 학습자가 수동적인 자세에서 벗어나 능동적이고 적극적인 학습자로 성장해 나가도록 체계적이고 효율적인 모바일 LMS를 마련하였다.

마지막으로 《경희한국어》 집필위원과 출판문화원 교직원들께 고마움을 전한다. 이분들의 헌신이 없었다면 이 교재는 세상에 나오지 못했다. 교재 발간 시작에서 마무리까지 이분들의 손길이 가득하다. 아울러 《경희한국어》 출간을 물심양면으로 지원해 주신 학교 관계자들께도 깊이 감사드린다.

2020년 3월

경희대학교 《경희한국어》 교재편찬위원회

일러두기

경희한국어 중급 1은 한국어를 배우려는 성인 학습자를 위한 한국어 교재 6단계 중 세 번째 단계에 해당되는 교재이다. 이 책은 **경희한국어 중급 1 문법** 교재로 중급 한국어 학습자가 일상생활에서 의사소통을 할 때 정확한 문장을 구사할 수 있도록 구성하였다. 학습자가 실생활에서 접할 수 있는 친숙한 소재부터 사회적인 소재까지 두루 다루어 학습자가 문법이 사용되는 상황을 스스로 이해할 수 있도록 도왔다. 또한 단계적인 연습과 다양한 유형의 활동을 제시하여 의사소통 능력을 향상시키는 데 초점을 두었다. 이 책을 통해 학습자는 의사소통 상황에 맞는 문법을 정확하고 유창하게 발화할 수 있을 것이다.

이 책은 교실 수업 외에도 학습자 스스로 학습할 수 있도록 구성되어 있다. 자가 학습을 할 경우 **경희한국어 웹사이트**를 통해 다양한 상황과 맥락을 이해하고 표현할 수 있도록 MP3와 확장 자료를 지원하고 있다.

◆ 이 책의 주요 특징

01 일상생활을 포함한 친숙한 사회적 상황에서 사용되는 문법 항목 중 빈도가 높은 항목을 중심으로 50개를 선정하였다.

02 각 문법 항목은 **도입** ▸ **의미 제시** ▸ **연습** ▸ **활동**으로 구성되어 있다. 문법의 의미를 추측할 수 있는 도입부터 상황에 맞는 활용 연습까지 단계적으로 학습이 이루어지도록 구성하였다. 이를 통해 학습자들은 담화 상황에 맞는 문법을 정확하고 유창하게 표현할 수 있을 것이다.

03 활동에서는 다양한 유형을 통해 해당 문법을 사용해 볼 수 있도록 하였다.

◆ 단원 구성

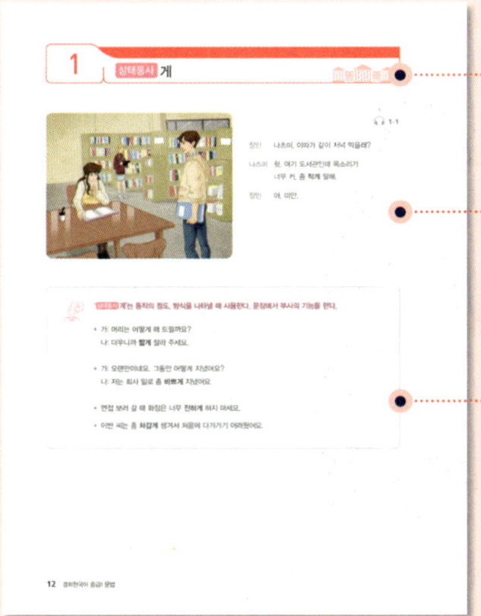

목표 문법 제시

학습할 문법을 제시하였다.

도입

해당 문법이 사용되는 전형적인 담화 상황을 그림과 함께 제시하여 문법의 의미를 추측할 수 있도록 하였다.

의미 제시

해당 문법의 의미를 설명하고 적절한 대화 및 예문을 제시하였다.

연습

연습은 목표 문법에 따라 형태적인 정확성을 추구한 연습에서부터 연결 연습, 완성 연습, 응답 연습 등 다양한 유형을 단계적으로 제시하였다.

활동

실제 담화 상황에 맞는 대화나 발표, 게임 등 다양한 방법을 통해 목표 문법을 활용할 수 있도록 구성하였다.

등장인물

김은영
Kim Eunyeong
한국
한국어 선생님

자이툰 사닐
Zeitoun Sanil
터키
학생

레아 마르텡
Lea Martin
프랑스
학생

루카스 윌리엄스
Lucas Williams
미국
학생

응웬 티 흐엉
Nguyen Thi Huong
베트남
학생

장민
Zhang Min
중국
학생

최지아
Choi Jia
한국
대학생

이반 이바노프
Ivan Ivanov
러시아
학생

한나 요한손
Hanna Johansson
스웨덴
학생

사토 나츠미
Sato Natsumi
일본
학생

이준서
Lee Junseo
한국
대학생

리첸
Lee Chen
싱가포르
회사원

타냐 모코닌
Tanya Mokonin
에티오피아
회사원

박상진
Park Sangjin
한국
회사원

CONTENTS

차례

1 상태동사 게

1-1

장민 나츠미, 이따가 같이 저녁 먹을래?

나츠미 쉿, 여기 도서관인데 목소리가 너무 커. 좀 **작게** 말해.

장민 아, 미안.

'상태동사 게'는 동작의 정도, 방식을 나타낼 때 사용한다. 문장에서 부사의 기능을 한다.

- 가: 머리는 어떻게 해 드릴까요?
  나: 더우니까 **짧게** 잘라 주세요.

- 가: 오랜만이네요. 그동안 어떻게 지냈어요?
  나: 저는 회사 일로 좀 **바쁘게** 지냈어요.

- 면접 보러 갈 때 화장은 너무 **진하게** 하지 마세요.

- 이반 씨는 좀 **차갑게** 생겨서 처음에 다가가기 어려웠어요.

연습 1 알맞은 것을 골라 문장을 완성하십시오.

늦다	싸다	깨끗하다	중요하다	행복하다

1) 결혼을 해서 ______________ 살고 있어요.

2) 더러워진 옷을 ______________ 세탁했습니다.

3) 할인 마트에 가서 신발을 ______________ 샀어요.

4) 휴대폰 알람이 울리지 않아서 학교에 ______________ 왔어요.

5) 저는 친구 관계에서 서로에 대한 믿음을 ______________ 생각해요.

연습 2 보기 와 같이 문장을 완성하십시오.

보기

장민 씨가 밝게 웃으면서 나에게 인사를 했어요.

1)

제가 친구에게 ______________ 설명해 주었어요.

2)

루카스 씨가 극장에서 ______________ 말했어요.

3)

나츠미 씨는 공책에 글씨를 ______________ 씁니다.

4)

한국어능력시험을 ______________ 생각하지 마.

5)

______________ 씨는 ______________ 생겼어요.

연습 3 대화를 완성하십시오.

1) 가: 어제 친구랑 뭐 했어?

나: 놀이공원에 가서 ________________.

2) 가: 민수야, 방학 때 뭐 하면서 지냈어?

나: 아르바이트도 하고 악기도 배우면서 ________________.

3) 가: 이 책을 도서관에서 빌렸는데 외국 사람에게 좀 어렵지 않을까요?

나: 어려운 내용이 아니니까 ________________.

4) 가: 오늘 비도 많이 오고 바람도 ________________.

나: 맞아요. 태풍 때문에 사람들도 밖에 안 나갈 것 같아요.

활동 다음 단어를 이용해서 보기 와 같이 이야기해 보십시오.

귀엽다	✓ 멋있다	무섭다	예쁘다	차갑다
착하다	똑똑하다	시끄럽다	✓ 재미있다	조용하다

보기

제가 좋아하는 사람을 소개할게요. 이 사람은 제 고등학교 때 친구인데 영화배우처럼 멋있게 생겼어요. 대화를 할 때는 재미있게 말해서 친구들에게 인기가 많아요.

2 동작동사 (으)ㄴ 지

2-1

지아 장민 씨는 언제부터 한국어를 공부했어요?

장민 작년 9월에 한국에 와서 처음 배우기 시작했어요.

지아 그럼 한국어를 **배운 지** 6개월 정도 됐네요. 한국어 공부가 어렵지 않아요?

장민 네, 조금 어렵지만 재미있어요.

'동작동사 (으)ㄴ 지'는 어떤 일이 생긴 후 시간이 경과함을 나타낼 때 사용한다. 뒤에는 시간과 관련된 '되다, 지나다, 넘다' 등의 동사가 온다.

- 가: 고향 음식을 **먹은 지** 얼마나 됐어요?
  나: 한국에 와서 못 먹었으니까 3개월쯤 됐어요.
- 가: 한나 씨는 언제부터 피아노를 쳤어요?
  나: 피아노를 **친 지** 10년이 넘었어요.

정확한 시간 대신 '얼마 안 되다', '한참 되다/오래되다' 등의 표현을 사용할 수 있다.
어떤 일이 생긴 후 시간이 조금 지났을 때는 '얼마 안 되다'를 사용하고 시간이 많이 지났을 때는 '한참 되다/오래되다'를 사용한다.

- 가: 이 회사에서 오랫동안 일하셨어요?
  나: 아니요. **입사한 지** 얼마 안 됐어요.
- 그 책을 **읽은 지** 오래돼서 내용은 기억이 잘 안 나요.

맥락에 따라 '① 어떤 일이 생긴 후 그 행위가 지속된 시간'과 '② 어떤 일이 생긴 후 그 행위를 하지 않은 시간'을 나타낼 수 있다.

- 비가 **온 지** 한 달이 됐다. ① 한 달 내내 비가 오고 있다.
  ② 한 달 전에 비가 오고 안 왔다.

연습 1 알맞은 것을 골라 문장을 완성하십시오.

짓다	켜다	모으다	옮기다	태어나다

1) 에어컨을 ______________ 한참 됐지만 전혀 시원하지 않아요.

2) 한국에서는 아이가 ______________ 1년이 되면 돌잔치를 해요.

3) 제 취미는 동전 수집인데 동전을 ______________ 5년이 됐어요.

4) 지금 살고 있는 아파트는 ______________ 오래돼서 지저분해요.

5) 직장을 ______________ 1년이 지났지만 아직 가깝게 지내는 동료가 없어요.

연습 2 보기 와 같이 문장을 바꿔 이야기해 보십시오.

보기

30분 전에 공연이 시작됐어요.

공연이 시작된 지 30분이 됐어요.

1) 일주일 전에 한국에 왔어요.

2) 5년 전부터 K-pop을 들었어요.

3) 오래전부터 이 동네에 살았어요.

4) 사흘 전에 부모님께 전화를 드렸어요.

연습 3 보기 와 같이 친구와 이야기해 보십시오.

보기

언제 음식을 주문했어요?

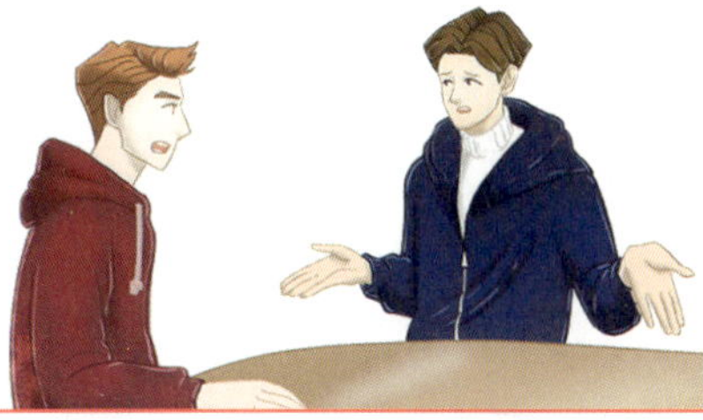

주문한 지 벌써 30분이 넘었어요.

1) 카드를 잃어버린 지 얼마나 됐어요?

2) 운전을 정말 잘하시네요. 운전한 지 얼마나 됐어요?

3) 아이가 언제 잠이 들었어요?

4) 언제부터 고양이를 키웠어요?

활동 보기 와 같이 이야기해 보십시오.

6년 전
6년 전에 회사를 그만두고
한국에 유학을 왔다.

3년 전
대학원을 졸업하고
회사에 취직을 했다.

현재

5년 전
한국어를 공부한 후
대학원에 입학했다.

2년 전
재작년에 회사에서
남자 친구를 만났다.

보기

제가 고향에서 회사를 그만두고 한국에 유학을 온 지 벌써 6년이 되었어요. 한국어를 공부한 후에 대학원에 입학을 했어요. 대학원을 졸업하고 회사에 취직했는데 그곳에서 남자 친구를 만났어요. 재작년에 만났으니까 남자 친구를 만난 지 벌써 2년이 되었네요.

현재

3 동작동사 (으)려면

3-1

교직원 어떻게 오셨어요?

장민 안녕하세요.
저, 학생증을 만들려고 하는데요.

교직원 아, 죄송하지만 지금은 점심시간이라서 담당자가 없어요. 학생증을 **발급받으려면** 1시 이후에 오셔야 돼요.

장민 네, 알겠습니다. 감사합니다.

'동작동사 (으)려면'은 '-(으)려고 하면'의 준말로 어떤 동작을 할 의도가 있는 경우를 가정할 때 사용한다. 뒤에는 '-아야/어야 하다/되다, -(으)세요' 등의 표현이 자주 온다.

- 가: 저녁에 삼계탕 만들어서 먹으려고 하는데 닭고기를 얼마나 사야 할까?
  나: 세 명이 **먹으려면** 두 마리는 사야 할 것 같아.
- 가: 강남역에 가려고 하는데 어디에서 갈아타야 돼요?
  나: 강남역에 **가려면** 왕십리역에서 2호선으로 갈아타세요.
- 문을 **열려면** 이 버튼을 눌러야 합니다.
- 약속 시간에 **늦지 않으려면** 지금 나가야 돼요.

연습 1 보기 와 같이 다음을 연결하십시오.

보기 한국 대학에 입학하다 — 한국어를 열심히 공부하다

→ 한국 대학에 입학하려면 한국어를 열심히 공부해야 돼요.

1)	학생 할인을 받다	학생증을 가지고 오다
2)	도서관에서 책을 빌리다	5시까지 가다
3)	좋은 자리에서 콘서트를 보다	예매를 서두르다
4)	7시에 반 친구들과 피자를 먹다	지금 주문하다
5)	발표할 때 실수하지 않다	연습을 많이 하다

연습 2 알맞은 것을 골라 문장을 완성하십시오.

내다 받다 사용하다 출근하다 환불하다

1) 컴퓨터를 ____________ 어디로 가야 돼요?

2) 장학금을 ____________ 더 열심히 공부해야 합니다.

3) 옷을 ____________ 일주일 안에 영수증을 가지고 오세요.

4) 사고를 ____________ 교통 신호를 잘 지키세요.

5) 주말에 ____________ 오늘 이 일을 다 끝내야 돼요.

연습 3 대화를 완성하십시오.

1) 가: 저, 죄송한데 여기에서 ______________________ 어디로 가야 돼요?

   나: 아, 저쪽 계단으로 내려가시면 나가는 문이 있어요.

2) 가: 오디션 준비 너무 열심히 하는 거 아니야? 조금 쉬면서 해.

   나: 아니야. ______________________ 더 열심히 노력해야 해. 이번에는 꼭 합격하고 싶어.

3) 가: 통장을 만들려고 하는데 뭘 가지고 가야 돼요?

   나: ______________________ 신분증을 가지고 오셔야 됩니다.

4) 가: 오늘 진료를 받고 싶은데요. 예약이 되나요?

   나: 네. 그런데 오전에는 진료를 받으시는 분들이 많아서요. ______________________ 3시 이후에 가능한데 예약해 드릴까요?

연습 4 보기 와 같이 친구와 이야기해 보십시오.

보기

컴퓨터가 고장 났어요.

컴퓨터를 고치려면 근처에 있는 AS 센터에 가 보세요.

1) 돈을 모으고 싶어요.

2) 방학에 제주도로 여행 가고 싶어요.

3) 반 친구들과 친해지고 싶어요.

4) 내년에 대학교에 입학하고 싶어요.

활동

보기 와 같이 친구와 이야기해 보십시오.

보기

	Q. 한국어를 잘하려면 어떻게 해야 돼요?	Q. 사람들과 잘 어울리려면 어떻게 해야 돼요?
친구 1	•	•
친구 2	•	•
친구 3	•	•

	Q. 이성 친구와 싸우지 않으려면 어떻게 해야 돼요?	Q. (　　　　)을/를 싸게 사려면 어떻게 해야 돼요?
친구 1	•	•
친구 2	•	•
친구 3	•	•

4 상태동사 아/어 보이다

4-1

타냐 첸 씨, 아직도 일하고 있어요?

첸 네. 내일 중요한 회의가 있어서 회의 자료를 정리하고 있어요.

타냐 많이 **바빠 보이네요.** 제가 좀 도와줄까요?

첸 아니에요. 조금만 더 하면 돼요.
타냐 씨 먼저 퇴근하세요.

'상태동사 아/어 보이다'는 어떤 대상을 보고 그 대상에 대한 느낌이나 추측을 표현할 때 사용한다.

- 가: 기분이 **좋아 보여요.** 무슨 좋은 일 있어요?
  나: 어제 고향에서 부모님께서 오셨어요. 오랜만에 부모님을 봬서 너무 좋아요.

- 가: 요즘 저 공연 광고 많이 하네. 우리도 저 공연 보러 갈까?
  나: 좋아. 정말 **재미있어 보인다.**

- 이 의자 정말 **편안해 보이는데** 한번 앉아 봐도 될까요?

- 평소에 화장을 안 하는 나츠미가 화장을 하니까 인상이 **달라 보여요.**

연습 1 알맞은 것을 골라 문장을 완성하십시오.

크다	가늘다	비싸다	어리다	피곤하다

1) 

장민 씨가 오늘 평소보다 ______________________.

2) 

굽이 높은 신발을 신으면 키가 ______________________.

3) 

이 빨간색 지갑이 까만색 지갑보다 ______________________.

4) 

통이 좁은 바지를 입으면 다리가 ______________________.

5) 

이 남자는 나이보다 ______________________.

연습 2 그림을 보고 보기 와 같이 문장을 완성하십시오.

보기

- 자동차가 많아서 길이 좁아 보여요.
- 자동차가 없어서 길이 넓어 보여요.

1)

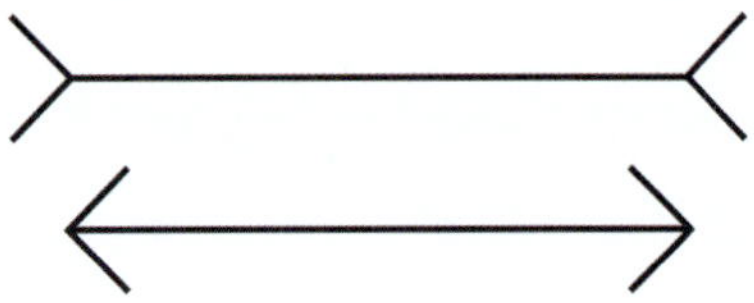

위에 있는 선이 ________________.

아래에 있는 선이 ________________.

2)

앞에 있는 여자의 얼굴이 ________________.

뒤에 있는 여자의 얼굴이 ________________.

3)

왼쪽에 있는 음식이 ________________.

오른쪽에 있는 음식이 ________________.

4)

왼쪽에 있는 사람이 ________________.

오른쪽에 있는 사람이 ________________.

연습 3 대화를 완성하십시오.

1) 가: 레아 씨, 괜찮아요? 오늘 좀 ________________.
   나: 어제부터 감기 기운이 있었는데 오늘은 더 심해진 것 같아요.

2) 가: 장민, 무슨 일 있어? 기분이 ________________.
   나: 오늘 중간고사 성적이 나왔는데 생각보다 시험 결과가 좋지 않아서.

3) 가: 어, 루카스 오늘 안경 썼네? 안경을 쓰니까 더 ________________.
   나: 고마워. 평소에는 렌즈를 끼는데 오늘은 눈이 너무 아파서 안경을 쓰고 왔어.

4) 가: 한나 씨, 가방이 좀 ________________는데 제가 들어 줄까요?
   나: 정말 고마워요. 저기에 있는 엘리베이터 앞까지만 들어 주세요.

5) 가: 다음 주에 처음으로 면접을 보는데 어떤 옷을 입는 게 좋을까요?
   나: 면접을 볼 때는 깔끔하고 ________________는 옷을 입는 게 좋아요.

활동 상황에 맞게 그림을 보고 친구와 이야기해 보십시오.

상황 친구들과 함께 점심을 먹으러 쇼핑몰 안에 있는 푸드 코트에 갔다. 푸드 코트 앞에는 많은 종류의 음식 모형이 있다. 음식 모형을 보고 점심 메뉴를 정한다.

가: 여기 음식 종류가 정말 다양하다. 우리 여기에서 점심 먹자.

나: 좋아. 저기에 있는 샐러드는 어때?

가: 신선해 보이는데 좀 비싼 것 같아.

나: ______

가: ______

나: 그럼 ______

가: 그래. ______ 하고 ______ 시키자.

5 동사 (으)ㄴ지/는지 (알다/모르다)

5-1

나츠미 저기요. 제가 서울병원에 가려고 하는데 어떻게 가야 해요?

남자 글쎄요, 저도 잘 모르겠어요.

잠시 후

나츠미 실례지만 서울병원에 어떻게 **가는지 아세요**?

여자 네, 여기에서 마을버스를 타고 가면 돼요.

'동사 (으)ㄴ지/는지 (알다/모르다)'는 어떤 사실이나 정보에 대해 묻거나 확인할 때 사용한다. 주로 '알다, 모르다, 알리다, 가르치다, 궁금하다, 기억나다' 등의 동사와 함께 쓴다.

- 가: 학생증을 어디에서 **신청하는지 아세요**?
  나: 1층 사무실에서 신청하면 돼요.
- 가: 나츠미 씨가 요즘 왜 **바쁜지 알아요**?
  나: 아니요, 저도 잘 모르겠어요.
- 지갑에서 돈을 꺼내서 어디에 **뒀는지 기억이 안 나요.**
- 장민 씨 전화번호가 **몇 번인지 가르쳐 주세요.**

'동사 (으)ㄴ지/는지 동사 (으)ㄴ지/는지'의 형태로도 사용할 수 있으며 이때는 상반된 의미의 동사가 온다.

- 가: 여보세요? 지난주에 주문한 물건이 배송이 **됐는지 안 됐는지 궁금해서** 연락드렸어요.
  나: 네, 잠시만요. 확인해 드리겠습니다.
- 인터넷으로 바지를 사려고 하는데 눈으로만 보니까 **큰지 작은지 잘 모르겠어요.**

연습 1 빈칸을 채우십시오.

동작동사	-는지	-았는지/었는지	-(으)ㄹ지
먹다			
자다			
듣다			
살다			

상태동사	-(으)ㄴ지	-았는지/었는지	-(으)ㄹ지
좋다			
바쁘다			
춥다			
멀다			
어떻다			
재미있다			

명사	-인지	-이었는지/였는지	-일지
학생			
가수			

연습 2 보기 와 같이 다음을 연결하십시오.

보기 도서관에서 책을 어떻게 빌려요? / 알아요?

→ 도서관에서 책을 어떻게 빌리는지 알아요?

1)	학생증을 어디에서 신청해요?	모르겠어요.
2)	약국 문을 몇 시에 열어요?	알아요?
3)	이 제품과 저 제품이 어떻게 달라요?	설명해 주세요.
4)	오늘 공원에 왜 이렇게 사람이 많아요?	아세요?
5)	이 단어의 뜻이 뭐예요?	가르쳐 주세요.
6)	지난번에 간 식당이 어디였어요?	기억나요?

연습 3 보기 와 같이 다음을 연결하십시오.

보기 나츠미 생일이 이번 달 23일이에요? 24일이에요? / 잘 모르겠어요.

→ 나츠미 생일이 이번 달 23일인지 24일인지 잘 모르겠어요.

1)	장민이 시험을 잘 봤어요? 못 봤어요?	궁금해요.
2)	내일 상담할 수 있어요? 없어요?	알려 주세요.
3)	국물이 짜요? 싱거워요?	먹어 보고 이야기해 주세요.
4)	졸업 후에 취업을 할까요? 유학을 갈까요?	아직 잘 모르겠어요.
5)	제가 쓴 것이 정답이에요? 아니에요?	가르쳐 주세요.

연습 4 대화를 완성하십시오.

1) 가: 회기역에 가는 버스를 ______________________________?

나: 네, 정문 앞 버스 정류장에서 타면 돼요.

2) 가: 잡채를 ______________________________?

나: 아니요, 저도 만들어 본 적이 없어서 잘 몰라요.

3) 가: 저, 실례지만 이 근처에 편의점이 ______________________________?

나: 여기에서 똑바로 가다가 사거리에서 오른쪽으로 가면 있어요.

4) 가: 오늘 모임에 누가 와요?

나: 글쎄요, 저도 ______________________________.

5) 가: 장민 생일 선물로 뭐가 좋을까?

나: 글쎄, 나도 ______________________________.

연습 5 보기 와 같이 친구와 이야기해 보십시오.

보기 장민이 어제 학교에 안 온 이유

장민 씨가 어제 왜 학교에 안 왔는지 알아요?

아니요, 저도 잘 모르겠어요.

1) 한나가 고향으로 돌아가는 때

한나 씨가 ________________
________________?

네, 아마 다음 달에 돌아갈 거예요.

2) 흐엉이 사는 곳

흐엉 씨가 ________________
________________?

아니요, 저도 잘 몰라요.

3) 요즘 제주도 날씨

요즘 제주도 날씨가 ________
________________?

글쎄요, 저도 일기예보를 못 봐서 모르겠네요.

4) 마트 휴무일

마트 휴무일이 ____________
________________?

네, 둘째 주, 넷째 주 일요일에 쉬어요.

5) 레아가 어제 운 이유

레아 씨가 ________________
________________?

글쎄요, ________________
________________.

활동 그림을 보고 보기 와 같이 친구와 이야기해 보십시오.

보기

가: 이게 무슨 음식인지 알아요?

나: 네, 알아요. 어묵이지요? 지난번에 먹어 봤어요.

가: 그럼 어묵을 무엇으로 만드는지 알아요?

나: 아니요, 그건 잘 모르겠어요.

1

2

6 동작동사 게 되다

6-1

장민 나츠미, 뭐 보고 있어?

나츠미 지난 공연 때 찍은 동영상 보고 있어.

장민 이 사람이 너야? 춤 진짜 잘 춘다.

나츠미 나도 처음에는 못 췄는데 계속 연습해서 잘 **추게 됐어**.

'동작동사 게 되다'는 동작이 변하거나 어떤 상황이 일어남을 나타낼 때 사용한다.

- 가: 또 초콜릿 먹어요?
  나: 네, 스트레스를 받으니까 자꾸 **먹게 돼요**.

- 가: 마음에 드는 집을 찾는 게 정말 힘드네.
  나: 맞아. 그래도 계속 찾아보면 좋은 집을 **구하게 될 거야**.

- 지난주에 다리를 다쳐서 여행을 **못 가게 됐다**.
- 유학 생활을 하면서 한국인의 생활 방식을 자연스럽게 **알게 됐다**.

'동작동사 게 되다'는 어떤 일의 동기나 계기를 이야기할 때도 사용한다.

- 가: 어떻게 한국에 **오게 됐어요**?
  나: 한국 문화에 관심도 있고 친한 친구도 있어서 **오게 됐어요**.

- 건축가가 되고 싶은 꿈을 이루기 위해 건축학과에 **지원하게 됐습니다**.

연습 1 알맞은 것을 골라 문장을 완성하십시오.

먹다	살다	쓰다	만나다	입원하다

1) 친구한테 소개를 받아서 준서 씨를 ______________________.

2) 횡단보도에서 교통사고가 나서 병원에 ______________________.

3) 룸메이트가 이사를 가면 다음 달부터 혼자 ______________________.

4) 한국에 처음 왔을 때에는 한국 음식을 잘 못 먹었는데 지금은 잘 ______________________.

5) 부산에 살고 계신 부모님과 통화를 하면 나도 모르게 사투리를 ______________________.

연습 2 문장을 완성하십시오.

1)

저는 K-POP을 좋아해서 한국어를 ______________.

2)

저는 어렸을 때부터 호텔에서 일하고 싶었습니다. 그래서 제 꿈을 이루기 위해서 ______________.

3)

고향에 있는 친구들에게 한국 음식에 대해 알려 주고 싶어서 동영상을 ______________.

4)

한국어도 배우고 친구도 사귀고 싶어서 동아리에 ______________.

연습 3 대화를 완성하십시오.

1) 가: 그 가수의 노래가 그렇게 좋아?
   나: 당연하지. 너도 계속 들으면 ____________________.

2) 가: 흐엉 씨는 우리 학교에 아는 사람이 많은 것 같아요.
   나: 동아리 활동을 하면서 한국 사람을 많이 ____________________.

3) 가: 사장님, 이 식당 음식이 정말 맛있는데 왜 문을 닫으세요?
   나: 건강이 안 좋아져서 문을 ____________________.

4) 가: 학교 생활에 대한 이야기를 어떻게 책으로 만들 생각을 했어요?
   나: 친구들과 나눈 이야기를 기억하고 싶어서 ____________________.

5) 가: 한국어를 가르치는 학교가 많은데 우리 학교에 오게 된 이유가 무엇입니까?
   나: 경희대학교 교재가 마음에 들어서 ____________________.

활동 보기 와 같이 친구와 이야기해 보십시오.

보기

한국에 오기 전에도 한국 음식을 만들었어요?

아니요, 한국에 살면서 만들 수 있게 됐어요.

	Q. 어떻게 한국에 오게 됐어요?	Q. 한국어를 잘하게 되면 무엇을 하고 싶어요?
친구 1	•	•
친구 2	•	•

	Q. 한국에 살면서 무엇을 할 수 있게 됐어요?
친구 1	•
친구 2	•

7 동작동사 는 중이다, 명사 중이다

7-1

한나　요즘 많이 바빠요? 얼굴 보기가 힘드네요.

나츠미　네. 동아리 활동 때문에 조금 바빠요.

한나　아, 사진 동아리죠? 사실 저도 지난 학기에 가입하려고 했는데 신청 기간이 지나서 못 했어요.

나츠미　정말요? 그럼 저랑 같이 동아리방에 가 볼래요? 지금 신입 회원을 **모집하는 중이에요.**

'동작동사는 중이다, 명사 중이다'는 어떤 일을 진행하고 있음을 나타낼 때 사용한다.

- 가: 열쇠 찾았어?
  나: 아니. 아직 **찾는 중이야.** 분명히 가방에 넣은 것 같은데 없네.

- 가: 저, 김 과장님 좀 뵈러 왔는데요.
  나: 과장님은 지금 **출장 중이신데** 무슨 일로 오셨어요?

- 여기는 **청소하는 중이니까** 다른 화장실을 이용해 주시겠어요?

- 지금은 **회의 중입니다.** 나중에 연락드리겠습니다.

'동작동사는 중에, 명사 중에'의 형태로도 사용할 수 있다.

- 가: **여행하는 중에** 지난 학기 친구를 우연히 만났어.
  나: 정말? 반가웠겠다.

- **운전 중에** 문자 메시지를 보내는 것은 위험한 행동이다.

연습 1 그림을 보고 보기 와 같이 이야기해 보십시오.

보다	고치다	일하다	전화하다	✓밥을 먹다	책을 읽다
관람	근무	독서	수리	✓식사	통화

보기

친구와 밥을 먹는 중이에요.

식사 중이에요.

1) 

도서관에서 ______________________.

______________________.

2) 

회사에서 ______________________.

______________________.

3) 

자동차를 ______________________.

______________________.

4) 

부모님과 ______________________.

______________________.

5) 

영화관에서 영화를 ______________________.

______________________.

연습 2 보기 와 같이 문장을 바꿔 이야기해 보십시오.

> **보기** 샤워하고 있을 때 형한테서 전화를 받았다.
> ➔ 샤워하는 중에 형한테서 전화를 받았다.

1) 부엌에서 요리를 하다가 손을 다쳤다.

➔ ______________________________

2) 집에서 공부를 하고 있는데 불이 꺼졌다.

➔ ______________________________

3) 친구들과 버스에서 이야기를 하고 있는데 사고가 났다.

➔ ______________________________

4) 수업을 듣고 있을 때 친구에게서 연락을 받았다.

➔ ______________________________

5) 내일 학교에 가져갈 책을 정리하다가 그 편지를 발견했다.

➔ ______________________________

연습 3 알맞은 것을 골라 대화를 완성하십시오.

청소를 하다	아직 고민하다	이메일을 보내다
다이어트를 하다	친구들과 이야기하다	

1) 가: 지금 어디야? 심심한데 농구 하러 가자.

나: 미안해. 다음 주에 팀 발표가 있어서 ______________________. 끝나고 내가 연락할게.

2) 가: 지금 뭐 해요? 같이 영화 보러 갈래요?

나: 저녁에 손님이 오기로 해서 ______________________. 다음에 보러 가요.

3) 가: 전공은 정했어? 조금 있으면 대학 입학 신청 기간이잖아.

나: 아니, ______________________. 다음 주에 선생님과 상담해 보려고.

4) 가: 너 요즘 밥을 너무 안 먹는 것 같아.

나: 요즘 살이 많이 쪄서 ______________________.

5) 가: 발표 자료를 고쳐야 되는데 네 컴퓨터 좀 써도 돼?

나: 응. 나 지금 선생님께 ______________________(이)니까 잠깐만 기다려 줘.

활동 게임 방법을 보고 보기 와 같이 '나'는 누구인지 찾아보십시오.

게임 방법

1. 두 사람이 짝이 된다.
2. 한 사람이 매장에 있는 사람 중 한 사람을 고른다.
3. 나머지 사람은 보기 와 같이 질문을 해 그 사람이 누구인지 찾는다.

3층

커피숍

미용실

2층

의류 매장

스포츠 매장

1층

화장품

패션 잡화 매장

보기

1층 지금 어디예요?	2층 지금은 뭐 하고 있어요?	3층 이제 집에 갔어요?
화장품 매장에서 생일 선물을 사는 중이에요.	동생이 축구공을 사고 싶다고 해서 스포츠 매장에 가는 중이에요.	아니요. 지금 염색하는 중이에요.

'나'는 누구일까요? 정답 한나

8 동작동사 나요?, 상태동사 (으)ㄴ가요?

8-1

나츠미 장민, 여기에서 역사 박물관까지 어떻게 가는지 알아?

장민 나도 잘 모르겠어. 어떡하지?

나츠미 그럼 저기 안내 센터에 가서 물어보자.

잠시 후

나츠미 저기요. 역사 박물관에 가려고 하는데 어떻게 **가나요**?

'동작동사 나요?, 상태동사 (으)ㄴ가요?'는 상대방에게 부드럽고 친절하게 질문할 때 사용한다.
주로 공적이거나 낯선 관계에서 사용한다.

- 가: 서울 시티 투어 버스를 타려고 하는데 예약하려면 어떻게 해야 **하나요**?
  나: 인터넷 또는 전화로 예약하실 수 있습니다.

- 가: 요즘 어떤 컴퓨터가 인기가 **많은가요**?
  나: 이 컴퓨터가 성능도 뛰어나고 디자인도 예뻐서 잘 나가요.

- 이상아 선수, 올림픽에서 금메달을 땄을 때 기분이 **어땠나요**?

- 교수님, 한국어가 다른 언어보다 높임말이 발달한 이유가 **무엇인가요**?

연습 1 빈칸을 채우십시오.

동작동사	-나요?	-았나요?/었나요?	-(으)ㄹ 건가요?
먹다			
가다			
듣다			
살다			

상태동사	-(으)ㄴ가요?	-았나요?/었나요?
많다		
크다		
쉽다		
길다		
어떻다		
재미있다		

명사	-인가요?	-이었나요?/였나요?
학생		
가수		

연습 2 알맞은 것을 골라 대화를 완성하십시오.

남다	열다	가능하다	구입하다	필요하다

1) 가: 혹시 여기 일요일에도 문을 ______________________?

나: 아니요. 저희 매장은 일요일에는 쉽니다.

2) 가: 면허증을 재발급하려면 어떤 서류가 ______________________?

나: 신분증과 최근 6개월 이내에 촬영한 증명사진을 가지고 오시면 됩니다.

3) 가: 출장 일정이 바뀌었는데 호텔 예약 변경이 ______________________?

나: 네. 예약 번호와 변경 날짜를 알려 주시면 도와드리겠습니다.

4) 가: 이 가방을 환불하려고 왔는데요.

나: 네, 환불 도와드리겠습니다. 이 가방을 언제 ______________________?

5) 가: 작가님, 이번 여행에서는 어디가 가장 기억에 ______________________?

나: 바르셀로나요. 거리에 볼거리가 많아서 좋았어요.

연습 3 보기 와 같이 친구와 이야기해 보십시오.

보기 경복궁에서

몇 살까지 무료 입장이 가능한가요?

경복궁은 만 24세까지 무료로 입장할 수 있습니다.

1) 여행사에서

______________________ ?

한국에서 베트남까지 비행기로 6시간 정도 걸립니다.

2) 도서관에서

______________________ ?

일주일 동안 빌릴 수 있습니다.

3) 기숙사에서

______________________ ?

쓰레기봉투는 근처 마트나 편의점에서 살 수 있습니다.

4) 공항에서

______________________ ?

공항버스 타는 곳은 3층입니다.

활동 보기 와 같이 친구와 이야기해 보십시오.

상황 쇼핑몰 직원에게 궁금한 것을 물어본다.

물어볼 내용 **신발 매장 위치, 행사 정보**

보기

가: 저기요. 신발 매장은 몇 층에 있나요?

나: 신발 매장은 3층에 있습니다.
에스컬레이터를 타고 올라가면 오른쪽에 있습니다.

가: 지금 하고 있는 행사는 없나요?

나: 20만 원 이상 구입하시면 상품권을 드리는 행사를 하고 있습니다.

1 공연장 직원에게 궁금한 것을 물어본다.

물어볼 내용 **화장실 위치, 입장 시간**

2 여행사에 전화해서 궁금한 것을 물어본다.

물어볼 내용 **여행지 날씨, 준비물**

9 동사 잖아(요)

9-1

나츠미 어제 장민 씨 생일 파티 재미있었어요?

한나 네. 친구들이 열 명 정도 왔는데 같이 저녁도 먹고 노래방에도 갔어요.

나츠미 어제 못 가서 아쉬워요. 그런데 친구들이 정말 많이 왔네요. 장민 씨는 친구들에게 인기가 참 많은 것 같아요.

한나 성격도 좋고 친구들도 잘 **도와주잖아요.**

'동사 잖아(요)'는 듣는 사람도 이 정보를 알고 있을 거라고 생각하며 말할 때 사용한다. 주로 구어에서 쓰며 가까운 관계에서 사용한다.

- 가: 오늘 회식 때 뭐 먹을까요?
  나: 치킨 어때요? 우리 팀 사람들이 치킨을 다 **좋아하잖아요.**

- 가: 이거 오늘 아침에 산 김밥인데 벌써 상했어요.
  나: 요즘 날씨가 덥고 **습하잖아요.** 이런 날에는 음식이 쉽게 상하는 것 같아요.

- 가: 난 숙제 제출이 오늘까지인 걸 몰랐어.
  나: 어제 수업 끝날 때 선생님께서 **말씀하셨잖아.**

- 가: 나츠미, 왜 비행기표를 알아보고 있어?
  나: 고향에 가려고. 다음 주부터 **방학이잖아.**

연습 1 보기 와 같이 다음을 연결해 이야기해 보십시오.

보기	가: 경주에는 문화재가 참 많네요. 나: 신라 시대의 수도였잖아요.

1) 경주에는 문화재가 참 많네요.	•	• 시험 기간이다
2) 오늘은 왜 차를 안 타고 가요?	•	• 한국에 오래 살았다
3) 레아 씨는 한국어를 참 잘하네요.	•	• 신라 시대의 수도였다
4) 요즘 도서관에 사람이 평소보다 많은 것 같아요.	•	• 눈이 와서 길이 미끄럽다
5) 전주에 가서 비빔밥을 먹었는데 정말 맛있었어요.	•	• 원래 전주비빔밥이 유명하다

연습 2 알맞은 것을 골라 대화를 완성하십시오.

연휴이다	건강에 좋다	여자 주인공이 죽다
환경 문제가 심각하다	제시간에 도착할 수 있다	

1) 가: 오늘 길이 왜 이렇게 막히죠?

   나: 오늘부터 ______________________.

2) 가: 요즘 요가를 하는 사람이 많은 것 같아.

   나: 요가가 ______________________.

3) 가: 지난번에 같이 본 영화 결말이 어떻게 됐지?

   나: ______________________.

4) 가: 왜 버스로 안 가고 기차를 타고 가기로 했어요?

   나: 기차를 타면 ______________________.

5) 가: 커피를 마실 때 일회용 컵보다 텀블러를 사용하는 사람이 많네요.

   나: ______________________.

연습 3 보기 와 같이 친구와 이야기해 보십시오.

보기

과장님은 왜 그렇게 김 대리를 좋아하시지?

책임감도 강하고 성실하잖아.

1) 준서가 요즘 바쁜 것 같아.

2) 지아는 부산 사투리도 할 줄 아네.

3) 왜 마트에서 과일을 안 사고 시장에서 사요?

4) 제주도에 가고 싶어 하는 사람들이 참 많네요.

활동 보기 와 같이 친구와 이야기해 보십시오.

상황 자주 가는 쇼핑 장소에 대해 이야기한다.

자주 가는 쇼핑 장소	그 장소에 대해 두 사람 모두 아는 것
나츠미 : 명동	명동 옷 가게하고 화장품 가게가 많다.
한나 : 홍대	홍대 저렴하고 예쁜 옷이 많다.

보기

가: 나츠미 씨는 주로 어디에서 쇼핑해요?

나: 저는 명동에 자주 가요. 옷 가게하고 화장품 가게가 많잖아요. 한나 씨는요?

가: 저는 홍대가 쇼핑하기 제일 좋은 것 같아요. 저렴하고 예쁜 옷이 많잖아요.

1 가고 싶은 한국의 여행지에 대해 이야기한다.

가고 싶은 여행지	그 여행지에 대해 두 사람 모두 아는 것

2 반 친구에게 주고 싶은 생일 선물에 대해 이야기한다.

주고 싶은 생일 선물	그 친구가 좋아하는 것

10 동사 아도/어도

10-1

루카스　표정이 왜 그래? 무슨 안 좋은 일 있어?

장민　조금 전에 여자 친구랑 싸워서 기분이 별로야.

루카스　그랬구나. 그냥 네가 먼저 연락해서 사과하는 건 어때?

장민　여자 친구가 화가 많이 나서 **전화해도** 안 받을 거야.

'동사 아도/어도'는 앞의 내용을 가정하거나 인정하지만 뒤의 내용에는 관계가 없거나 영향을 미치지 않음을 나타낼 때 사용한다. '아무리'를 사용해서 의미를 강하게 표현할 수 있다.

- 가: 어제 잃어버린 지갑은 찾았어요?
  나: 아니요. 못 찾았어요. 아무리 **찾아도** 안 보여요.

- 가: 배탈이 난 것 같아요. 아이스크림을 많이 먹어서 그런가 봐요.
  나: 날씨가 **더워도** 찬 음식만 먹으면 안 돼요.

- 요즘에는 마흔이 **넘어도** 결혼하지 않는 사람들이 많다.
- 무대 경험이 많은 **가수여도** 무대에서 실수할 때가 있다.

연습 1 보기 와 같이 다음을 연결하십시오.

보기

커피를 많이 마시다 — 계속 졸리다

➜ 커피를 많이 마셔도 계속 졸려요.

1)	숙제가 많다	꼭 해야 되다
2)	방학이 짧다	고향에 다녀오고 싶다
3)	주말이 아니다	극장에 사람이 많다
4)	여러 번 이야기하다	말을 듣지 않다
5)	약속 시간이 지나다	친구가 안 오다

연습 2 보기 와 같이 문장을 완성하십시오.

보기

매일 연습해도 발음이 좋아지지 않아요.

1)

저는 ________________

아침 식사는 꼭 해요.

2)

내일 ________________

여행을 갈 거예요.

3)

옷장에 ________________

입을 옷이 없어요.

4)

불고기는 ________________

맛있어요.

연습 3 대화를 완성하십시오.

1) 가: 오늘은 너무 피곤해서 그냥 자야겠어.

나: 아무리 ______________________ 화장은 꼭 지우고 자.

2) 가: 나는 요즘 입맛이 없으니까 그냥 너희들끼리 먹어라.

나: ______________________ 건강을 생각해서 좀 드세요.

3) 가: 회사 일이 많아서 요즘 거의 잠을 못 자요.

나: 아무리 ______________________ 좀 쉬면서 하세요.

4) 가: 책을 여러 번 ______________________ 이해가 안 돼.

나: 그럼 내일 선생님께 물어보는 건 어때?

5) 가: 기사님, 제가 1시까지 가야 돼서요. 좀 서둘러 주세요.

나: 아무리 ______________________ 지금 길이 막혀서 1시까지는 힘들겠는데요.

연습 4 그림을 보고 보기 와 같이 이야기해 보십시오.

보기

저는 힘들어도 운동은 꼭 하고 자요.

1)

2)

3)

4)

활동

보기 와 같이 친구와 이야기해 보십시오.

친구의 고민	나의 조언
듣기 연습을 매일 한다. 듣기 실력이 좋아지지 않는다.	한국 드라마를 본다.

보기

가: 요즘 무슨 걱정 있어? 얼굴이 안 좋아 보여.

나: 아무리 연습을 해도 듣기 실력이 좋아지지 않아.

가: 그럼 한국 드라마를 보는 건 어때? 한국 사람들의 실제 대화를 들을 수 있어서 좋아.

나: 고마워. 나도 드라마를 보면서 연습해 볼게.

친구의 고민	나의 조언

11 동사 아야/어야

11-1

나츠미 장민, 뭐 해? 약속 시간 얼마 안 남았어.

장민 잠깐만 기다려 줘. 도서관에 이 책만 반납하면 돼. 금방 갔다 올게.

나츠미 안 돼. 지금 **가야** 제시간에 도착할 수 있어.

'동사 아야/어야'는 앞의 내용이 뒤에 나오는 내용에 꼭 필요한 조건임을 나타낼 때 사용한다. 뒤에 '-(으)ㄹ 수 있다'와 같이 가능성을 나타내는 표현이 자주 온다.

- 가: 이번 동창회는 어디에서 하는 게 좋을까요?
  나: 몇 명이 오는지 **알아야** 모임 장소를 정할 수 있을 것 같은데요.

- 가: 신용 카드를 만들려고 하는데요.
  나: 신분증은 가지고 오셨지요? 신분증이 **있어야** 카드를 만들 수 있어요.

- 무엇보다 요리 재료가 **신선해야** 음식 맛을 제대로 낼 수 있다.
- 만 65세 **이상이어야** 지하철 무료 이용이 가능합니다.

연습 1 보기 와 같이 다음을 연결하십시오.

보기 꾸준히 운동하다 — 건강을 유지하다

➔ 꾸준히 운동해야 건강을 유지할 수 있어요.

1)	수술을 받다	병이 낫다
2)	책임감이 있다	직장 생활을 잘하다
3)	비가 오지 않다	테니스를 치다
4)	강물이 깨끗하다	물고기가 살다
5)	미리 숙소를 예약하다	여행을 편하게 하다
6)	학생이다	미술관 입장료를 할인받다

연습 2 알맞은 것을 골라 대화를 완성하십시오.

만들어 주다　　확인해 보다　　연기를 잘하다　　점수가 나와 보다

1) 가: 여자 친구를 위해 케이크를 직접 만들려고?

나: 응. 내 손으로 직접 ____________ 더 감동받지 않을까?

2) 가: 컴퓨터가 고장 나서 왔는데요. 수리 비용은 얼마나 들까요?

나: 글쎄요, ____________ 정확한 비용을 알 수 있을 것 같아요.

3) 가: 시험 잘 봤어? 이번 시험에는 합격할 수 있겠지?

나: ____________ 알겠지만 문제가 어렵지 않아서 합격할 수 있을 것 같아.

4) 가: 수지 씨, 앞으로 어떤 배우가 되고 싶으세요?

나: 배우는 ____________ 관객들에게 사랑받는 것 같아요. 그래서 앞으로 연기에만 집중하는 배우가 되겠습니다.

연습 3 보기 와 같이 문장을 바꿔 이야기해 보십시오.

보기 그날 배운 것을 복습하지 않으면 한국어 실력이 안 늘어요.
→ 그날 배운 것을 복습해야 한국어 실력이 늘어요.

1) 처방전이 없으면 이 약을 살 수 없어요.

→

2) 안경을 쓰지 않으면 칠판이 잘 안 보여요.

→

3) 신발이 가볍지 않으면 걸을 때 불편합니다.

→

4) 미리 약속 시간을 정하지 않으면 사장님을 만나실 수 없습니다.

→

5) 이번 가수 오디션은 15세 이상이 아니면 참가가 불가능합니다.

→

연습 4 문장을 완성하십시오.

1)

__________ 좋은 제품을 고를 수 있어요.

2)

__________ 유학 생활을 즐겁게 할 수 있어요.

3)

__________ 친구와 빨리 친해질 수 있을 거예요.

4)

__________ 발표를 잘할 수 있을 거예요.

활동 버킷 리스트를 작성하고 **보기** 와 같이 이야기해 보십시오.

나만의 버킷 리스트

Bucket List

1 번지 점프 ________
2 ________
3 ________
4 ________
5 ________
6 ________
7 ________
8 ________

보기 제가 죽기 전에 꼭 해 보고 싶은 것은 번지 점프예요. 번지 점프는 용기가 있어야 할 수 있어요. 그리고 번지 점프는 위험하기 때문에 안전 규칙을 지켜야 다치지 않아요.

* 버킷 리스트(Bucket List)는 '죽기 전에 꼭 해 보고 싶은 일'을 적은 목록이다.

12 동사 거든(요)

12-1

나츠미 왜 그래? 무슨 일 있어?

장민 우리 반 친구랑 발표 준비를 하는데 조금 힘들어서.

나츠미 왜? 친구가 발표 준비를 열심히 안 해?

장민 그건 아닌데 나 혼자 계속 이야기를 하니까 조금 힘들어. 친구가 조용한 성격이라서 말을 거의 **안 하거든.**

'동사 거든(요)'는 앞의 내용에 대한 이유나 사실 등을 말할 때 사용한다. 듣는 사람은 말하는 내용을 잘 모를 것이라고 생각할 때 사용하며 주로 구어에서 쓴다.

- 가: 겨울인데 냉면을 먹어요?
  나: 네, 제가 냉면을 정말 **좋아하거든요.**

- 가: 준서 씨, 제가 다음 주에 설악산에 가는데 반팔 옷만 가져가도 될까요?
  나: 긴팔 옷도 하나 가져가세요. 여름이지만 저녁이 되면 조금 **춥거든요.**

- 가: 다음 달 공연에서 피아노를 칠 사람이 필요한데 혹시 아는 사람 있어요?
  나: 제가 도와드릴까요? 사실은 제가 대학에서 피아노를 **전공했거든요.**

- 가: 여자 친구에게 선물할 귀걸이를 사고 싶은데요.
  나: 이건 어떠세요? 20대 여성분들에게 요즘 인기가 제일 많은 **제품이거든요.**

연습 1 보기 와 같이 다음을 연결해 이야기해 보십시오.

> 보기 고추장은 따로 주세요. 제가 매운 걸 잘 못 먹거든요.

1) 고추장은 따로 주세요. •	• 지금 차가 많이 막히다
2) 이걸 한번 써 보세요. •	• 제가 매운 걸 잘 못 먹다
3) 근처 커피숍에서 기다릴래요? •	• 장민 씨가 저랑 정말 친하다
4) 제가 부탁하면 들어줄 거예요. •	• 제가 약속 시간에 늦었다
5) 죄송한데 빨리 좀 가 주시겠어요? •	• 요즘 유행하는 선글라스이다

연습 2 알맞은 것을 골라 대화를 완성하십시오.

> 집에 놓고 오다 추위를 많이 타다 내가 좋아하는 배우이다
> 친구랑 부산에 가기로 하다 한국에 온 지 얼마 안 되다

1) 가: 왜 그렇게 서두르세요?
   나: 빨리 가지 않으면 기차를 놓칠 것 같아서요. 오늘 ________________.

2) 가: 한국에서 어디에 가 봤어요?
   나: 가 본 곳이 별로 없어요. ________________.

3) 가: 이번에 개봉한 영화 '비밀 연애' 봤어?
   나: 지난주에 봤어. 거기 나오는 남자 주인공이 ________________.

4) 가: 공연이 시작되려나 봐요. 휴대폰 껐어요?
   나: 아, 저는 괜찮아요. 깜박하고 휴대폰을 ________________.

5) 가: 오늘 날씨가 정말 더운데 왜 긴 옷을 입었어요?
   나: 에어컨이 있는 곳에 가면 너무 추워서요. 제가 ________________.

연습 3 보기 와 같이 친구와 이야기해 보십시오.

보기

여행을 가서 사진을 정말 많이 찍었네요.

제가 사진 찍는 걸 좋아하거든요.

1) 오늘 학교에 사람이 왜 이렇게 많아요?

2) 또 부산으로 여행 가세요?

3) 아직까지 점심 못 먹었어요?

4) 어제 왜 전화 안 받았어요? 계속 연락이 안 돼서 걱정했어요.

활동

보기 와 같이 친구와 이야기해 보십시오.

신혼여행
- 해양 스포츠를 즐길 수 있는 곳
- 쇼핑을 좋아함

첫 번째 가족 여행
- 가족들이 모두 즐길 수 있는 장소
- 자유로운 일정

졸업 기념 여행
- 여러 사람이 묵을 수 있는 숙소
- 맛있는 음식

여행의 종류 신혼여행

직원: 어서 오세요. 여기 앉으세요.

손님: 안녕하세요. 저희가 내년 봄에 결혼하거든요. 그래서 신혼여행지를 좀 알아보려고요.

직원: 혹시 가고 싶은 곳 있으세요?

손님: 해양 스포츠를 즐길 수 있는 곳이면 좋겠어요. 쇼핑을 할 수 있는 곳이 있으면 더 좋고요.

직원: 그럼 하와이 어떠세요? 다양한 해양 스포츠도 즐길 수 있고 쇼핑할 수 있는 곳도 많아서 신혼부부에게 인기가 많거든요.

13 동작동사 나 보다, 상태동사 (으)ㄴ가 보다

13-1

흐엉 한나 씨, 저기 걸어가는 사람이 이반 씨랑 나츠미 씨 아니에요?

한나 네, 맞는 것 같아요. 그런데 저 두 사람 손을 잡고 가네요. 둘이 **사귀나 봐요.**

흐엉 그러게요. 친구들이 알면 모두 깜짝 놀라겠어요.

'동작동사 나 보다', '상태동사 (으)ㄴ가 보다'는 어떤 사실이나 상황을 보거나 듣고 그것으로 추측한 것을 말할 때 사용한다.

- 가: 항상 제시간에 도착하는 장민 씨가 오늘은 좀 늦네요.
  나: 비가 와서 차가 많이 **막히나 봐요.**

- 가: 요즘 이 곡이 인기가 **많은가 봐요.** 라디오에서 정말 많이 틀어 줘요.
  나: 네. 박민수의 새 노래인데 가사랑 멜로디가 다 좋아서 저도 자주 들어요.

- 어젯밤에 바람이 많이 **불었나 봐요.** 밤새 잎이 다 떨어졌네요.
- 루카스 씨는 의자에 앉으면 항상 다리를 떨어요. **버릇인가 봐요.**

'동사 (으)ㄴ/는 걸 보니(까)'와 같은 추측의 근거가 되는 표현과 자주 사용한다.

- 장민 씨가 병원에 입원한 걸 보니까 많이 **아픈가 봐요.**
- 비행기가 움직이는 걸 보니 이제 **이륙하려나 봐요.**

연습 1 빈칸을 채우십시오.

동작동사	–나 보다	–았나/었나 보다	–(으)려나 보다
찾다			
오다			
듣다			
만들다			

상태동사	–(으)ㄴ가 보다	–았나/었나 보다
좋다		
바쁘다		
춥다		
멀다		
맛있다		

명사	–인가 보다	–이었나/였나 보다
선생님		
의사		

연습 2 그림을 보고 알맞은 것을 골라 보기 와 같이 이야기해 보십시오.

내리다　무겁다　이기다　자매이다　✔촬영하다　퇴근하다

보기

저기에서 지금 드라마를
촬영하나 봐요.

1)

2)

3)

4)

5)

연습 3 보기 와 같이 다음을 연결하십시오.

보기 전화를 안 받다 — 많이 바쁘다

→ 전화를 안 받는 걸 보니까 많이 바쁜가 봐요.

1)	소리가 안 나다	라디오가 고장 나다
2)	노크를 해도 대답이 없다	교수님께서 연구실에 안 계시다
3)	얼마 전에 산 바지가 크다	살이 빠지다
4)	엄마가 음식을 많이 만들었다	저녁에 손님이 오시다
5)	레아가 갑자기 귀국을 했다	고향 집에 무슨 일이 있다

연습 4 문장을 완성하십시오.

1) 

루카스가 계속 콧노래를 부르는 걸 보니까 ______ ______.

2) 

두 사람이 서로 반말을 하는 걸 보니까 ______ ______.

3) 

한나가 가방을 싸는 걸 보니까 ______ ______.

4) 

이반 배에서 꼬르륵하는 소리가 자꾸 나는 걸 보니까 ______.

5) 

영화표가 매진된 걸 보니까 ______ ______.

6) 

복도가 시끄러운 걸 보니까 ______ ______.

연습 5 보기 와 같이 친구와 이야기해 보십시오.

보기

장민 씨가 교통사고가 나서 병원에 입원한 거 알아요?

네. 병원에 입원한 걸 보니까 많이 다쳤나 봐요.

1) 밖에서 검은 연기가 나는 거 봤어요?

네. ______________________

2) 콜록콜록

____

3) 집 앞 골목에 경찰차가 서 있네요.

네, 저도 봤어요. ______________________

4) 저 식당은 항상 손님들이 많은 것 같아요.

그러게요. ______________________

활동 그림을 보고 보기 와 같이 이야기해 보십시오.

보기 장민 씨가 책상에 엎드린 걸 보니까 어디가 아픈가 봐요.

14 동작동사 자마자

14-1

흐엉　레아 씨, 내일 같이 점심 먹을래요?

레아　내일은 남자 친구와 약속이 있어서 안 될 것 같아요.

흐엉　아, 그래요?

레아　네. 그래서 수업이 **끝나자마자** 바로 나가야 돼요.

'동작동사 자마자'는 앞의 동작이 이루어진 후, 바로 뒤이어 뒤의 사건이나 동작이 일어날 때 사용한다.

- 가: 한나 결혼 소식 들었어?
  나: 응. 어제 소식을 **듣자마자** 전화해서 축하해 줬어.
- 가: 콘서트 표 사는 거 성공했어요?
  나: 아니요. 인터넷에서 판매를 **시작하자마자** 매진이 돼서 못 샀어요.
- 아침에 눈을 **뜨자마자** 물 한 잔을 마시면 건강에 좋아요.
- 그 영화는 **개봉하자마자** 관객들에게 좋은 반응을 얻었다.

연습 1 보기 와 같이 다음을 연결하십시오.

보기

집에 오다 → 손을 씻다

집에 오자마자 손을 씻었어요.

1)	침대에 눕다	잠이 들다
2)	숙소에 도착하다	짐을 풀다
3)	버스에서 내리다	교실로 뛰어가다
4)	신호등이 바뀌다	횡단보도를 건너다
5)	새 운동화를 신고 나가다	비가 와서 더러워지다

연습 2 보기 와 같이 문장을 완성하십시오.

보기

합격 문자를 받자마자 부모님께 연락을 드렸어요.

1)

______________ 바닥에 쏟았어요.

2)

______________ 제주도에 놀러 갈 거예요.

3)

______________ 비가 그쳤어요.

4)

______________ 놀이공원에 놀러 갈까요?

연습 3 보기 와 같이 대화를 완성하십시오.

보기
가: 경찰에 신고는 언제 했어요?
나: 교통사고가 나자마자 신고를 했어요.

1) 가: 드디어 내일 한국에 가네? 도착하면 꼭 연락해.
   나: 응. 공항에 ______________________.

2) 가: 어제 출장을 갔다 와서 많이 힘들었죠?
   나: 네. 어제 너무 피곤해서 집에 ______________________.

3) 가: 지난주에 새로 나온 가수 K 노래 들었어?
   나: 당연하지. 난 ______________________. 이번 노래 정말 좋은 것 같아.

4) 가: 회사 근처에 괜찮은 일식집이 생겼는데 퇴근 후에 같이 갈래요?
   나: 미안해요. 저도 가고 싶지만 ______________________.

활동 보기 와 같이 친구와 이야기해 보십시오.

보기

아침에 일어나면 제일 먼저 뭘 해요?

아침에 일어나자마자 머리를 감아요.

	Q. 아침에 일어나면 제일 먼저 뭘 해요?	Q. 시험이 끝난 후에 하고 싶은 게 뭐예요?
친구 1	•	•
친구 2	•	•

	Q. 고향에 가면 제일 먼저 뭘 하고 싶어요?
친구 1	•
친구 2	•

15 동작동사 아야겠다/어야겠다

15-1

흐엉　나츠미, 축제 공연 표 받았어?

나츠미　아니. 받고 싶은데 어디서 받는지 모르겠어.

흐엉　학교 홈페이지에서 신청하면 무료로 받을 수 있어.

나츠미　그래? 나도 빨리 **신청해야겠다.**

'동작동사 아야겠다/어야겠다'는 앞의 말이 나타내는 행동에 대한 강한 의지를 나타내거나 그 행동을 할 필요가 있음을 말할 때 사용한다. 주로 구어에서 쓴다.

- 가: 내일 8시에 비행기 타야 되지? 눈이 내려서 길이 많이 막힐 거야.
  나: 그래? 내일 일찍 **나가야겠다.**

- 가: 어제 잠을 못 자서 너무 피곤해요.
  나: 그럼 오늘은 집에 일찍 가서 **쉬어야겠네요.**

- 다음 주에 있는 시험을 잘 보려면 오늘부터 **공부해야겠어.**
- 감기에 걸린 지 일주일이 지났는데 감기가 안 나아요. 이따가 병원에 **가 봐야겠어요.**

연습 1 보기 와 같이 다음을 연결하십시오.

보기 다리가 아프다 — 잠깐 쉬다

→ 다리가 아프니까 잠깐 쉬어야겠어요.

1) 시간이 늦었다 | 빨리 가다

2) 길이 많이 막히다 | 지하철을 타다

3) 주문한 음식이 부족하다 | 좀 더 시키다

4) 내일 일찍 일어나야 되다 | 그만 자러 가다

5) 이번 달 생활비가 얼마 안 남았다 | 돈을 아껴 쓰다

연습 2 알맞은 것을 골라 대화를 완성하십시오.

보기　가 보다　운동하다　✓일어나다　빨리 빨다

1) 어! 벌써 7시가 넘었네요. 발표 준비 다 했어요?

아니요. 집에 가서 해야 돼요. 미안하지만 저 먼저 일어나야겠어요.

2) 새로 생긴 파스타 집에 가 봤는데 음식이 정말 맛있었어요.

그래요? 그럼 저도 ________ ________.

3)

지난주부터 조깅을 시작했는데 몸도 가볍고 좋네요.

그래요? 저도 ______________________________.

4)

나츠미, 티셔츠에 케이크가 묻었어.

어제 산 옷인데. 화장실에 가서 ______________________________.

5)

어제 영화 '추억'을 봤는데 생각보다 별로였어요.

저도 보려고 했는데 ______________________________.

연습 3 대화를 완성하십시오.

1) 가: 오늘 하루 종일 비가 올 것 같아요.
   나: 그래요? 나갈 때 우산을 ______________________________.

2) 가: 요즘 이 책이 인기가 많은가 봐. 10주 동안 베스트셀러야.
   나: 내가 좋아하는 작가의 책이네. 나도 ______________________________.

3) 가: 장민이 어제도 학교에 안 왔는데 오늘도 안 보여.
   나: 그래? 무슨 일이 있나 봐. ______________________________.

4) 가: 내일 고향에서 우리 부모님이 오세요.
   나: 그럼 부모님이 오시기 전에 ______________________________.

5) 가: 다음 주에 면접시험이 있는데 입을 옷이 없어요.
   나: 그래요? ______________________________.

활동 보기 와 같이 친구와 이야기해 보십시오.

상황 새벽까지 게임을 한다.

결심한 이유	나의 결심
공부에 집중이 안 되고 힘들다.	게임 시간을 줄인다.

보기 가: 어제도 새벽까지 게임을 했어.

나: 새벽까지 게임을 하면 다음 날 피곤하지 않아?

가: 응, 너무 피곤해. 공부에 집중도 안 되고 힘들어. 아무래도 게임하는 시간을 줄여야겠어.

1 시간이 없어서 예습을 못 한다.

결심한 이유	나의 결심
수업 내용을 이해하기 어렵다.	아르바이트를 그만둔다.

2 외식을 자주 한다.

결심한 이유	나의 결심
이번 달 생활비가 얼마 안 남았다.	

16 동사 아서/어서 그런지

16-1

레아　지아 씨, 다음 달에 고향 친구가 한국에 오는데 뭘 하면 좋을까요?

지아　난타 공연을 보는 건 어때요?

레아　난타요?

지아　네. 난타는 대사가 없고 **재미있어서 그런지** 외국인에게 인기가 많아요.

'동사 아서/어서 그런지'는 앞의 내용이 뒤의 내용의 원인이나 이유일 것 같다고 추측할 때 사용한다.

- 가: 상진 씨, 무슨 약 먹어요?
  나: 소화제요. 요즘 스트레스를 **받아서 그런지** 소화가 잘 안돼요.

- 가: 날씨가 **추워서 그런지** 운동하는 사람이 별로 없네요.
  나: 네. 갑자기 기온이 많이 떨어졌죠?

- 가: 한나가 추천해 준 식당 어땠어?
  나: 기대를 너무 많이 **해서 그런지** 생각보다 별로였어.

- 이 제품은 가격이 **저렴해서 그런지** 학생들이 많이 찾는다.

- 루카스와 저는 **동갑이어서 그런지** 대화가 잘 통해요.

연습 1 보기 와 같이 다음을 연결하십시오.

보기 명동은 유명하다 — 항상 사람들이 많다

→ 명동은 유명해서 그런지 항상 사람들이 많아요.

1)	이 집은 시설이 좋다	월세가 비싸다
2)	요즘 날씨가 쌀쌀하다	따뜻한 음식이 먹고 싶다
3)	상진 씨는 외국어를 잘하다	외국인 친구들이 많다
4)	흐엉 씨는 한국 드라마를 자주 보다	듣기 실력이 좋다
5)	방금 구운 빵이다	더 맛있는 것 같다

연습 2 알맞은 것을 골라 문장을 완성하십시오.

긴장하다 염색하다 오래되다 휴가철이다

1) 컴퓨터가 ________________ 속도가 느려요.

2) 요즘 ________________ 공항에 사람이 더 많네요.

3) 한나 씨가 ________________ 인상이 달라 보이네요.

4) 시험 때문에 ________________ 자꾸 화장실에 가고 싶어요.

연습 3 대화를 완성하십시오.

1) 가: 한국 생활은 어때요?

나: ______________________ 특별히 어려운 건 없어요.

2) 가: 왜 그렇게 밥을 조금만 먹어?

나: 요즘 ______________________ 입맛이 별로 없네.

3) 가: 왜 그렇게 하품을 자주 해요?

나: ______________________ 자꾸 졸리네요.

4) 가: ______________________ 어깨가 자주 아프네요.

나: 스트레칭을 좀 해 보는 건 어때요?

5) 가: 지난달부터 ______________________ 몸이 가벼워진 것 같아.

나: 그래? 나도 시작해 봐야겠다.

활동 신문 기사 제목을 보고 보기 와 같이 이야기해 보십시오.

NEWS 최근 출산율 점점 낮아져

보기

결혼하는 시기가 늦어져서 그런지 출산율도 점점 낮아지는 것 같아요.

아이를 키우려면 돈이 많이 들어서 그런지 출산율이 점점 낮아지네요.

1. NEWS 서울을 방문한 외국인이 가장 많이 가는 장소는 '홍대'

2. NEWS 소형 가전제품이 인기

0000.00.00

17 동사 (는/ㄴ)다고 하다

17-1

이반 발표 준비 때문에 아까 나츠미한테 연락했는데 전화를 안 받네.

장민 그래? 나 방금 나츠미 만났는데.

이반 정말? 오늘 발표 자료를 제출하려면 꼭 만나야 되는데. 지금 나츠미 어디 있는지 알아?

장민 도서관에 **간다고 했어**. 빨리 가 봐.

'동사 (는/ㄴ)다고 하다'는 평서형의 간접 인용으로 말하는 사람이 보거나 다른 사람에게서 들은 말을 전달할 때 사용한다.

- 장민: "학교에 가요."
  → 장민 씨가 "학교에 가요."라고 했어요.
  → 장민 씨가 학교에 **간다고 했어요.**

- 가: 이 근처에서 저 식당이 **유명하다고 해.** 같이 가 볼래?
  나: 그러자. 나도 한번 가 보고 싶었어.

- 가: 한국어능력시험 접수 기간이 언제인지 아세요?
  나: 게시판을 확인해 보니까 다음 달 1일부터 15일까지 접수를 **받는다고 해요.**

- 일기 예보에서 내일은 날씨가 **맑을 거라고 했어요.**
- 어제 루카스가 불면증 때문에 잠을 못 **잤다고 했어.**
- 저분이 이번에 새로 오신 한국어 선생님**이라고 하네요.**

연습 1 빈칸을 채우십시오.

동작동사	-는/ㄴ다고 하다	-았다고/었다고 하다	-(으)ㄹ 거라고 하다
먹다			
자다			
듣다			
살다			
가지 않다			

상태동사	-다고 하다	-았다고/었다고 하다	-(으)ㄹ 거라고 하다
좋다			
바쁘다			
춥다			
멀다			
재미있다			
크지 않다			

명사	-(이)라고 하다	-이었다고/였다고 하다	-일 거라고 하다
학생			
가수			
생일이 아니다			

연습 2 보기 와 같이 문장을 바꿔 이야기해 보십시오.

보기

학생 식당에서 점심을 먹어요.

➔ 장민 씨가 학생 식당에서 점심을 먹는다고 했어요.

1)

우리 반에서 장민이 한국어를 제일 잘해.

2)

학교에 오는 길에 흐엉을 만났어.

3)

지금 사는 집은 깨끗하지만 학교에서 좀 멀어요.

4)

비빔밥은 외국인들도 좋아하는 음식이에요.

연습 3 알맞은 것을 골라 대화를 완성하십시오.

동대문역 근처에 살다	지난 학기에 같은 반이다
오늘 저녁에 비가 오다	아르바이트를 시작해서 힘들다

1) 가: 비도 안 오는데 왜 우산을 가지고 왔어요?
   나: 일기 예보에서 ______________________.

2) 가: 지아 씨가 요즘 피곤해 보이는 것 같아요.
   나: 네. 지아 씨가 요즘 ______________________.

3) 가: 나츠미 집이 어디라고 했지?
   나: ______________________.

4) 가: 혹시 흐엉 전화번호 알아?
   나: 아니. 레아한테 한번 물어봐. 레아랑 ______________________.

연습 4 보기 와 같이 이야기해 보십시오.

보기 신문: 한국 축구팀 오늘 저녁 월드컵 첫 경기

→ 신문에서 읽었는데 한국 축구팀이 오늘 저녁에 월드컵 첫 경기를 한다고 해요.

1) 일기 예보: 내일부터 장마 시작

→

2) 국제교육원 게시판: 오늘부터 도우미 신청 가능

→

3) 인터넷 뉴스: 어젯밤 서울 회기동 화재 사고 발생

→

4) 학교 홈페이지: 다음 달 15~19일 학교 축제 기간

→

활동 1 메시지를 보고 보기 와 같이 이야기해 보십시오.

보기

루카스가 지금 떡볶이를 먹고 있다고 했어요.

활동 2 안내문을 보고 보기 와 같이 친구와 이야기해 보십시오.

취업 설명회

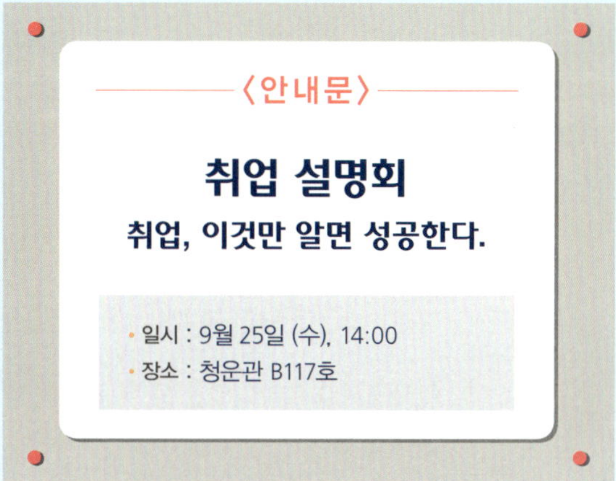
〈안내문〉

취업 설명회

취업, 이것만 알면 성공한다.

- 일시 : 9월 25일 (수), 14:00
- 장소 : 청운관 B117호

보기

가: 준서 씨, 다음 주에 취업 설명회를 한다고 해요.

나: 그래요? 다음 주 언제요?

가: 다음 주 수요일 오후 두 시에 한다고 해요.

나: 장소는 어디예요?

가: 청운관 지하 117호라고 해요.

나: 알려 줘서 고마워요. 저도 가 봐야겠네요.

문화 특강 공지

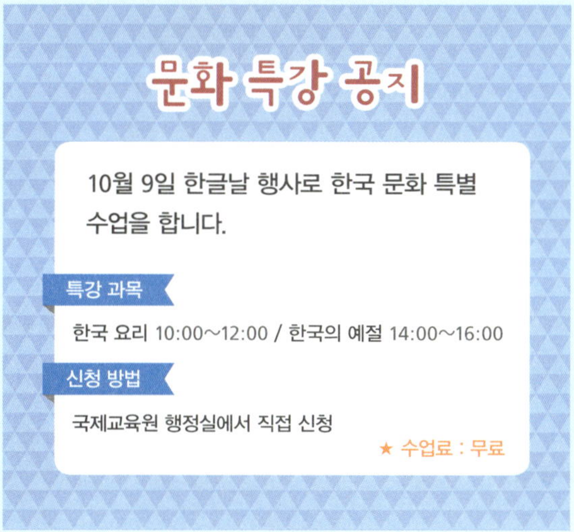
문화 특강 공지

10월 9일 한글날 행사로 한국 문화 특별 수업을 합니다.

특강 과목

한국 요리 10:00~12:00 / 한국의 예절 14:00~16:00

신청 방법

국제교육원 행정실에서 직접 신청

★ 수업료 : 무료

18 동사 냐고 하다

18-1

장민 나츠미, 어제 아르바이트 면접 잘 보고 왔어?

나츠미 응. 다음 주부터 일하기로 했어.

장민 그래? 그런데 면접 볼 때 무슨 질문을 했어?

나츠미 한국에서 아르바이트를 해 본 경험이 **있냐고 했어.**

'동사 냐고 하다'는 의문형의 간접 인용으로 다른 사람이 한 질문을 전달할 때 사용한다.

- 장민: "어디에 가요?"
  → 장민 씨가 "어디에 가요?"라고 했어요.
  → 장민 씨가 어디에 **가냐고 했어요.**

- 가: 아까 선생님이 뭐라고 하셨어?
  나: 하루에 한국어를 얼마나 **공부하냐고 하셨어.**

- 가: 루카스 씨, 아까 택시 기사님이 뭐라고 하셨어요?
  나: 한국에 온 지 얼마나 **됐냐고 하셨어요.**

- 한나 씨가 내일 장민 씨 병문안을 **갈 거냐고 물어봐서** 간다고 했어요.
- 첸 씨가 저에게 운동하는 곳이 **어디냐고 물어봤어요.**

연습 1 보기 와 같이 문장을 바꿔 이야기해 보십시오.

보기

수업 후에 시간 있어요?

➡ 준서 씨가 수업 후에 시간이 있냐고 했어요.

1)

매운 음식을 잘 먹어요?

2)

한국 생활에 익숙해졌어요?

3)

이사한 곳이 학교에서 멀어요?

4)

읽고 있는 책이 무슨 책이에요?

연습 2 여자가 무슨 말을 했습니까? 다음을 듣고 보기 와 같이 이야기해 보십시오.

18-2

보기

여자: 이번 주말에 뭐 할 거예요?
남자: 친구하고 영화를 볼 거예요.

이번 주말에 뭐 할 거냐고 했어요.

1)

2)

3)

4)

연습 3 대화를 완성하십시오.

음식이 맵지 않다	내일 모임에 갈 것이다
국제교육원이 어디에 있다	아르바이트를 어떻게 구했다

1) 가: 레아야, 처음 본 사람인데 너한테 뭐라고 한 거야?
   나: 아, 나한테 ______________________.

2) 가: 흐엉 씨, 내일 동아리 모임에 갈 거예요?
   나: 안 그래도 한나 씨도 저한테 ______________________아서/어서 간다고 했어요.

3) 가: 나츠미 씨, 아까 자이튼 씨가 왜 전화했어요?
   나: 아르바이트 때문에 전화했어요. 저한테 ______________________.

4) 가: 준서 씨, 조금 전에 직원이 뭘 물어봤어요?
   나: 주문한 ______________________아서/어서 괜찮다고 했어요.

활동 보기 와 같이 친구와 이야기해 보십시오.

상황 친구가 선생님과 상담을 하고 왔다.

선생님이 한 질문	내가 한 대답
한국어를 배운 적이 있어요? 한국어를 왜 배워요?	한국 회사에 취직하고 싶어서 배워요.

보기

가: 나츠미 씨, 상담 잘 하고 왔어요?
무슨 얘기 했어요?

나: 선생님께서 한국어를 배운 적이 있냐고 하셨어요. 아, 그리고 한국어를 왜 배우냐고 물어보셨어요.

가: 그래서 뭐라고 했어요?

나: 한국 회사에 취직하고 싶어서 배운다고 했어요.

1 친구가 반 배치 시험을 보고 왔다.

선생님이 한 질문	내가 한 대답

2 친구가 면접을 보고 왔다.

면접관이 한 질문	내가 한 대답

19 동작동사 (으)라고 하다

19-1

장민　이반, 어제 동호회 첫 모임이었는데 왜 안 왔어?

이반　중요한 약속이 있었거든.
다음 주 모임에 갈 때는 뭘 가져가야 돼?

장민　헬멧을 꼭 **가져오라고 했어.**

'동작동사 (으)라고 하다'는 명령형의 간접 인용으로 명령이나 요청을 전달할 때 사용한다.

- 장민: "내일은 일찍 오세요."
  → 장민 씨가 "내일은 일찍 오세요."라고 했어요.
  → 장민 씨가 내일은 일찍 **오라고 했어요.**
- 가: 나츠미 씨, 뉴스에서 내일은 태풍이 오니까 창문을 꼭 **닫으라고 했어요.**
  나: 아, 그래요? 알려 줘서 고마워요.
- 가: 벌써 고향에 돌아가? 다음 달에 돌아간다고 하지 않았어?
  나: 부모님께서 좀 일찍 **돌아오라고 하셨어.** 할아버지께서 편찮으시거든.
- 선생님께서 교실에서는 한국어만 **사용하라고 하셨어요.**
- 의사가 약을 먹는 동안에는 술을 **마시지 말라고 했다.**

'주다'는 상황에 따라 '달라고 하다'와 '주라고 하다'로 사용한다. '달라고 하다'는 말하는 사람이 자신에게 어떤 일을 해 줄 것을 부탁하는 상황에서 사용하고 '주라고 하다'는 말하는 사람이 아닌 다른 사람에게 어떤 일을 해 줄 것을 부탁하는 상황에서 쓴다.

달라고 하다

부장님께서 회의 자료를 내일까지
(자기에게) **달라고 하셨다.**

주라고 하다

부장님께서 회의 자료를 내일까지
김 대리에게 **주라고 하셨다.**

연습 1 보기 와 같이 문장을 바꿔 이야기해 보십시오.

보기

이 과제는 다음 주까지 제출하세요.

교수님께서 이 과제는 다음 주까지 제출하라고 하셨어요.

1) 

비행기 놓치면 안 되니까 내일 공항에 좀 일찍 와.

2) 

이 약은 식후 30분에 드세요.

3) 

여의도 불꽃 축제에 가실 때는 대중교통을 이용하시기 바랍니다.

4) 

국에 소금을 너무 많이 넣지 마.

연습 2 여자가 무슨 말을 했습니까? 다음을 듣고 보기 와 같이 이야기해 보십시오.

19-2

보기

남자: 경복궁에 가려면 몇 번 출구로 나가야 돼요?
여자: 4번 출구로 나가세요.

4번 출구로 나가라고 했어요.

1)

2)

3)

4)

연습 3 보기 와 같이 문장을 완성하십시오.

보기

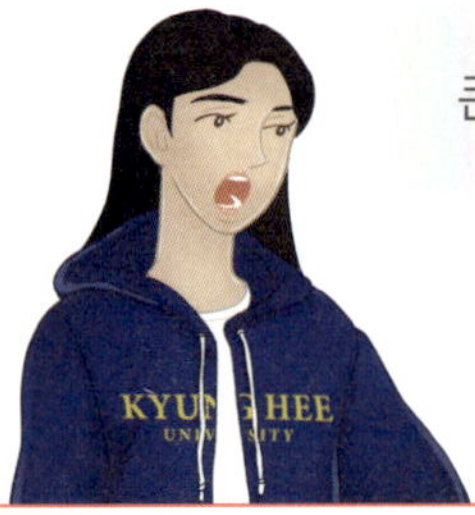

큰 사이즈로 바꿔 주세요.

자이튼이 점원에게
큰 사이즈로 바꿔 달라고 했어요.

1)

내일 늦잠 자면 안 되니까
깨워 줘.

나츠미가 룸메이트에게
______________________________.

2)

레아 씨가 이반 씨에게 쓰기
숙제를 알려 주세요.

선생님께서 레아 씨에게
______________________________.

3)

루카스 씨, 이 가방 좀
교실까지 들어 줄래요?

흐엉 씨가 루카스 씨에게
______________________________.

4)

한나, 이 책 좀 나츠미한테
전해 줘.

장민이 한나에게
______________________________.

5)

여권 좀 보여 주시겠습니까?

공항 직원이 저에게
______________________________.

연습 4 알맞은 것을 골라 대화를 완성하십시오.

오늘은 사용하지 말다	일주일에 한 번만 주다
한 가지씩 만들어 오다	짐 옮기는 것을 도와주다

1) 가: 왜 1층 화장실을 쓰면 안 돼요?

   나: 관리실 직원이 공사 중이니까 ______________________________.

2) 가: 나츠미, 잡채를 왜 그렇게 많이 만들어?

   나: 반 친구들이랑 파티를 하는데 반장이 함께 먹을 음식을 ______________________________.

3) 가: 꽃에 물 좀 줄까요?

   나: 아니요. 제가 어제 줬으니까 주지 마세요. 꽃집 직원이 물은 ______________________________.

4) 가: 이반, 지금 어디 가는 중이야?

   나: 장민이 오늘 이사를 하는데 ______________________________아서/어서 장민 집에 가는 중이야.

활동 전화 내용을 보고 남편이 아내에게 보낼 메시지를 쓰십시오.

이삿짐센터 직원

- 여보세요? 김진수 씨죠?
- 경희 이삿짐센터인데요.
- 내일 9시에 가려고 하는데 괜찮으시죠?
- 이사 갈 집에 가구와 전자 제품을 어디에 놓을지 미리 정해 두세요. 그리고 귀중품이나 현금은 직접 보관하세요.

남편

- 네, 그런데요.
- 아, 안녕하세요?
- 네, 괜찮습니다. 그런데 오시기 전에 저희가 뭘 준비해야 하나요?
- 네, 알겠습니다. 제 아내한테도 전달할게요.

여보, 아까 낮에 이삿짐센터 직원한테 전화가 왔는데 내일 9시에 집에 온다고 했어.

____

____

____

____

____

20 동작동사 자고 하다

20-1

이반 장민 씨, 내일 뭐 해요?

장민 여의도 벚꽃 축제에 갈 거예요.

이반 그래요? 저도 꼭 한번 가 보고 싶었는데 같이 가도 돼요?

장민 좋아요. 나츠미도 같이 **가자고 했어요.** 그럼 셋이 만나서 같이 갑시다.

'동작동사 자고 하다'는 청유형의 간접 인용으로 권유나 제안을 전달할 때 사용한다.

- 장민: "같이 저녁을 먹읍시다."
  → 장민 씨가 "같이 저녁을 먹읍시다."라고 했어요.
  → 장민 씨가 같이 저녁을 **먹자고 했어요.**

- 가: 우리 내일 어디에서 모여요?
  나: 첸 씨가 회사 근처에서 **모이자고 했어요.**

- 가: 같이 운동할 친구를 찾았어요?
  나: 네. 레아가 운동을 해 보고 싶다고 해서 같이 헬스장에 **다니자고 했어요.**

- 나츠미가 고향으로 돌아가는 이반을 위해서 환송회를 **열자고 했다.**
- 루카스가 같이 영화를 **보자고 했는데** 시간이 없어서 못 갈 것 같아요.
- 흐엉 씨와 저는 우리가 나눈 비밀 이야기를 누구에게도 **말하지 말자고** 약속했어요.

연습 1 보기 와 같이 문장을 바꿔 이야기해 보십시오.

보기

수업 후에 같이
볼링 칠래요?

➤ 장민 씨가 수업 후에 같이
볼링 치자고 했어요.

1)

예쁘게 사진을 찍어서
SNS에 올리자.

2)

다음 달에 우리 가족
모두 여행을 갈까?

3)

교실에 쓰레기를 버리지
맙시다.

4)

수업 시간에는
휴대 전화를 끕시다.

연습 2 여자가 무슨 말을 했습니까? 다음을 듣고 보기 와 같이 이야기해 보십시오.

20-2

보기

여자: 시험 끝나고 같이 놀이공원에 갈까?
남자: 좋아. 같이 가자.

시험 끝나고 놀이공원에 가자고 했어요.

1)

2)

3)

4)

연습 3 알맞은 것을 골라 대화를 완성하십시오.

회사 앞에서 만나다	예매를 좀 서두르다
회식을 다음으로 미루다	새로 생긴 식당에 가 보다

1) 가: 우리 내일 어디에서 만나요?

   나: 타냐 씨가 ______________________.

2) 가: 장민, 시간 있으면 같이 저녁 먹으러 갈래?

   나: 안 그래도 나츠미가 ______________________는데 너도 같이 가자.

3) 가: 세 달 뒤에 여행을 간다고 하지 않았어? 그런데 벌써 기차표를 예매해?

   나: 그때가 연휴라서 친구가 ______________________.

4) 가: 첸 씨, 오늘 회식이라고 하지 않았어요?

   나: 부장님께서 이번 주까지 처리해야 할 일이 많으니까 ______________________.

활동 고향으로 돌아가는 친구를 위해 송별회 계획을 만들어서 보기 와 같이 이야기해 보십시오.

	제안한 사람	제안한 내용
	장민	이번 주말
1. 시간		
2. 장소		
3. 선물		
4.		

_________ 송별회

1. 시 간:
2. 장 소:
3. 선 물:
4.

보기

장민이 이번 주말에 송별회를 하자고 했어요.

21 인용 축약

21-1

준서 이번 토요일에 명동에서 거리 축제가 있다고 하네요.

나츠미 그래요? 몇 시에 한다고 해요?

준서 오전 9시부터 시작하는데 밤에는 불꽃놀이도 **있대요.**

간접 인용 문장은 일상 대화에서 준말로 자주 사용한다. 평서형의 간접 인용은 '동사(는/ㄴ)대(요)', 의문형의 간접 인용은 '동사 냬(요)', 명령형의 간접 인용은 '동작동사(으)래(요)', 청유형의 간접 인용은 '동작동사 재(요)'로 쓴다.

- 가: 상진 씨가 부산에 출장 갈 때 뭐 타고 가는지 알아요?
  나: 아까 들었는데 차가 막힐 것 같아서 기차로 **간대요.**
- 가: 어제 면접시험을 봤지? 어떤 질문을 받았어?
  나: 대학교에 입학하게 되면 학교생활을 어떻게 **할 거냬.**
- 가: 회식 자리에 못 가서 미안해요. 갑자기 일이 생겨서요.
  나: 급한 일이 생겼으니까 어쩔 수 없죠. 동호회 회원들이 다음 회식 때는 꼭 **참석하래요.**
- 가: 나츠미, 다음 주 발표에 대해 장민한테 자세히 물어봐.
  나: 아까 전화했는데 지금은 좀 바쁘니까 이따 저녁에 **통화하재.**
- 지아 씨는 고등학교 때까지 부산에 **살았대요.**
- 친구에게 물어보니까 이 건물이 한국에서 제일 높은 **건물이래요.**

연습 1 보기 와 같이 문장을 바꿔 이야기해 보십시오.

보기 나츠미는 매일 학생 식당에서 아침을 먹는다고 해요.

➔ 나츠미는 매일 학생 식당에서 아침을 먹는대요.

1) 일기예보를 봤는데 서울은 날씨가 좀 쌀쌀하다고 해요.

➔

2) 한나 씨가 언제 경희대에서 외국인 축제가 열리냐고 해요.

➔

3) 장민 씨가 여행 경비를 아껴야 하니까 숙소를 옮기자고 해요.

➔

4) 지하 주차장은 자리가 없으니까 1층에 차를 주차하라고 해요.

➔

5) 인터넷으로 확인해 보니까 그 가수가 결혼한 건 사실이라고 해.

➔

6) 타냐가 출근 시간이 오래 걸려서 회사 근처로 집을 구했다고 해.

➔

연습 2 보기 와 같이 문장을 바꿔 이야기해 보십시오.

보기

아침마다 가벼운 조깅을 해.

➔ 나츠미는 아침마다 가벼운 조깅을 한대요.

1)

수업 후에 기타를 배우러 다녀.

2)

한강에 가서 같이 자전거를 탈래요?

3)

우리 집 근처에 오게 되면 연락하세요.

4)

비자를 연장하려면 무슨 서류가 필요해?

연습 3 여자가 무슨 말을 했습니까? 다음을 듣고 보기 와 같이 이야기해 보십시오. 21-2

보기

여자: 머리를 자르니까 단정해 보여요.
남자: 그래요? 고마워요.

머리를 자르니까 단정해 보인대요.

1)

2)

3)

4)

연습 4 대화를 완성하십시오.

1) 가: 이반과 나츠미가 사귀는 게 사실이야?
나: 응. 나도 몰랐는데 어제 물어보니까 ______________________.

2) 가: 첸 씨는 이번 연휴에 뭐 할 거라고 해요?
나: 아까 물어봤는데 ______________________.

3) 가: 약속 시간이 거의 다 됐는데 한나는 왜 안 와?
나: 좀 전에 한나한테 전화가 왔는데 ______________________.

4) 가: 친구 결혼식에는 잘 다녀왔어요? 신혼여행은 어디로 가는지 알아요?
나: ______________________.

활동 상황에 맞게 포스터를 보고 친구와 이야기해 보십시오.

상황

· 이반이 나츠미에게 '경희대학교 80주년 행복 콘서트'에 같이 가자고 했다.
· 이반이 나츠미에게 학생증이 있어야 '평화의 전당'에 들어갈 수 있으니까 학생증을 꼭 가져오라고 했다.
· 나츠미가 장민에게 연락해서 콘서트에 같이 갈 수 있는지 물어보고 있다.

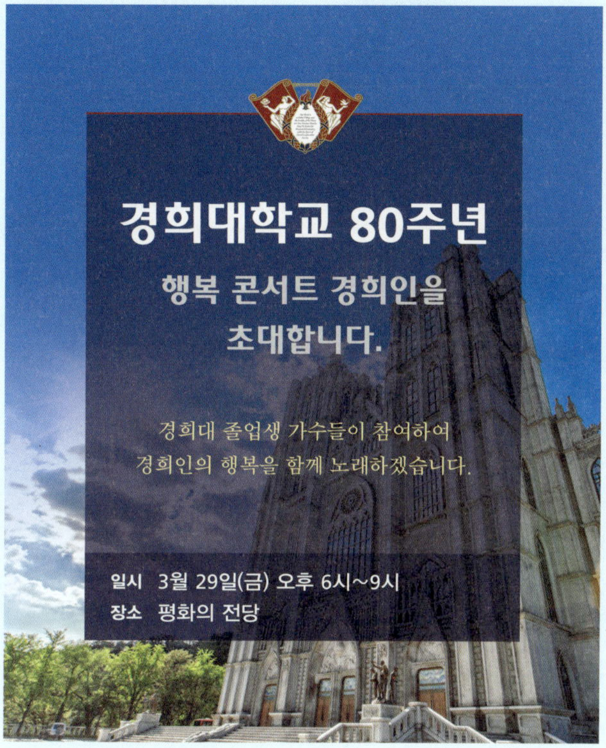

나츠미: 장민, 이번 주 금요일에 시간 있어?

장 민: 특별한 약속은 없는데 왜?

22 동작동사 아/어 놓다/두다

22-1

나츠미 내 옷 못 봤어? 아까 여기에 뒀는데.

친구 아, 그거? 내가 옷걸이에 **걸어 놓았어.**

나츠미 그래? 고마워.

'동작동사 아/어 놓다/두다'는 어떤 동작을 끝낸 상태가 변하지 않고 그대로 유지되고 있음을 나타낸다. '놓다'와 '두다'를 같이 사용할 때는 '놓아두다'로 사용한다.

- 가: 문 앞에 왜 이렇게 책을 **쌓아 놓았어**?
  나: 안 보는 책이어서 버리려고.

- 가: 밤새 천둥 번개가 쳐서 잠을 잘 못 잤어요.
  나: 저도 어젯밤에 무서워서 불을 **켜 놓고** 잤어요.

- 제가 사무실에 없을 때 택배가 오면 책상에 **올려 두세요.**
- 가방을 분명히 의자 위에 **놓아두었는데** 없어졌어요.

준비를 위한 동작을 나타낼 때도 사용한다.

- 가: 내일부터 단풍 축제라고 하는데 김밥 싸서 놀러 갈래요?
  나: 좋아요. 내일 아침에 김밥을 싸려면 오늘 재료를 **사 놓아야겠네요.**

- 이번 방학에 무엇을 할지 계획을 미리 **세워 두세요.**

연습 1 보기 와 같이 다음을 연결하십시오.

보기	선생님	이번 학기 시간표를	교실에 붙이다

➡ 선생님이 이번 학기 시간표를 교실에 붙여 놓았어요.

1)	준서	그림을 그려서	벽에 걸다
2)	장민	방 안이 더워서	에어컨을 켜다
3)	타냐	자료를 정리해서	책상에 놓다
4)	레아	선물로 받은 책을	책꽂이에 꽂다
5)	루카스	새로 배운 단어를	수첩에 정리하다

연습 2 알맞은 것을 골라 대화를 완성하십시오.

싸다	만들다	연락하다	예매하다	환전하다

1) 가: 이사 준비는 다 했어요?
나: 네. 집 청소도 했고 짐도 다 ____________________.

2) 가: 이게 웬 떡볶이야? 직접 만들었어?
나: 응. 이따가 친구들이 놀러 오기로 해서 ____________________.

3) 가: 이제 우리 여행 준비를 시작해야 할 것 같아.
나: 그럼 내가 이번 주에 은행에 가서 ____________________.

4) 가: 지금 출발하면 식당에 20분 정도 늦을 것 같은데 괜찮을까요?
나: 안 그래도 늦을 것 같아서 식당에 ____________________.

5) 가: 한나, 이번에 내가 좋아하는 가수가 뮤지컬을 한다고 하는데 같이 보러 갈래?
나: 좋아. 표가 없을 수도 있으니까 미리 ____________________.

연습 3 그림을 보고 보기 와 같이 문장을 완성하십시오.

보기

강연장에 사람들이 많이 오기 전에 자리를 맡아 놓았어요.

1)

아이스크림이 녹을 것 같아서 오자마자 ______________________.

2)

많이 안 늦을 것 같으면 내가 미리 음식을 ______________________.

3)

식탁 위에 아침을 ______________(으)니까 꼭 먹어.

4)

홍대에 가면 작가들이 ______________(으)ㄴ 벽화를 많이 볼 수 있어요.

연습 4 알맞은 것을 골라 보기 와 같이 이야기해 보십시오.

보기 벽에 사진을 걸어 놓았어요.

걸다	꽂다	불다
사다	쓰다	켜다
올리다	준비하다	포장하다

활동 보기 와 같이 이야기해 보십시오.

상황 6개월 후에 한국에 유학을 오는 후배가 있다. 후배가 유학을 오기 전에 무엇을 준비해 놓아야 하는지 물어본다.

유학 준비

☐ 비자 신청	☐
☐ 비행기표 예매	☐
☐	☐
☐	☐
☐	☐

보기 비자 신청을 미리 해 놓아야 돼. 그리고 비행기표는 빨리 예매해 둬야 싸게 살 수 있어.

23 명사 (이)나, 명사 밖에

23-1

준서 강릉에는 잘 갔다 왔어?

지아 어. 그런데 길이 너무 막혀서 강릉까지 **5시간이나** 걸렸어.

준서 힘들었겠네. 다음에는 KTX를 미리 예약해서 타고 가 봐. KTX를 타면 **1시간 30분밖에** 안 걸리거든.

지아 그래? 다음에는 KTX를 타고 가 봐야겠다.

'명사(이)나'는 수량을 나타내는 명사에 붙어 그 수량이 예상보다 크거나 많음을 나타낼 때 사용한다.

- 가: 이 집에서 몇 년 살았어요?
  나: 초등학교 1학년 때 이사를 왔으니까 여기서 산 지 벌써 **20년이나** 됐네요.
- 가: 어젯밤 화재로 집이 **다섯 채나** 탔대.
  나: 정말? 생각보다 피해가 컸구나.

'명사 밖에'는 수량을 나타내는 명사에 붙어 그 수량이 예상보다 작거나 적음을 나타낼 때 사용한다. '밖에' 뒤에는 부정을 나타내는 말이 온다.

- 가: 한나 씨, 뭘 그렇게 찾아요?
  나: 분명히 지갑에 만 원짜리가 두 장 있었는데 **한 장밖에** 없어요.
- 가: 지난번 소개팅 때 만난 사람은 어때?
  나: **한 번밖에** 안 만나 봐서 아직 잘 모르겠어.

'밖에'에 일반 명사가 붙는 경우 '그것을 제외하고 모든 것은'의 뜻을 나타낸다.

- 여행 후에 남는 건 **사진밖에** 없는 것 같아요.

연습 1 보기 와 같이 이야기해 보십시오.

보기

점심, 밥, 두 그릇, 먹다

점심에 밥을 두 그릇이나 먹었어요.

1) 집, 운동화, 다섯 켤레, 있다

2) 필통, 연필, 열 자루, 있다

3) 영화 DVD, 이백 장, 모으다

4) 노래방, 노래, 열 곡, 부르다

연습 2 보기 와 같이 이야기해 보십시오.

보기

어제, 두 시간, 자다

어제 두 시간밖에 못 잤어요.

1) 이번 달, 책, 한 권, 읽다

2) 우리 집, 화장실, 한 개, 있다

3) 지난주 동아리 모임, 다섯 명, 오다

4) 한국어 말하기 대회, 일주일, 남다

연습 3 보기 와 같이 대화를 완성하십시오.

> **보기** 가: 집에서 강아지를 키워요?
> 나: 네. 우리 집에는 강아지가 세 마리나 있어요.

1) 가: 오늘은 웬일로 늦게까지 TV를 보고 있어?
   나: 낮에 커피를 ________________ 마셔서 그런지 잠이 안 오네.

2) 가: '레드핑크'라는 그룹이 그렇게 인기가 많아요?
   나: 네. 지난주에 새 앨범이 나왔는데 ________________ 팔렸대요.

3) 가: 벌써 6시인데 저녁 안 먹어?
   나: 나는 점심에 피자를 ________________ 먹어서 배가 안 고파.

4) 가: 주말에 영화 보러 갈래요? 이번 주에 영화가 ________________ 개봉된대요.
   나: 좋아요. 여러 편이 개봉되니까 골라 볼 수 있겠네요.

5) 가: 올해가 시작된 지 얼마 안 된 것 같은데 벌써 7월이야.
   나: 그러게. 올해도 ________________ 지났네.

연습 4 보기 와 같이 대화를 완성하십시오.

> **보기** 가: 한국에 정장을 많이 가지고 왔어요?
> 나: 아니요. 입을 일이 없을 것 같아서 한 벌밖에 안 가지고 왔어요.

1) 가: 해외여행을 많이 해 보셨어요?
   나: 아니요. 지금까지 살면서 해외여행을 ________________ 안 해 봤어요.

2) 가: 장민 씨, 지금 어디예요? 도착하려면 아직 멀었어요?
   나: 정문이니까 교실까지 ________________ 안 걸려요. 조금만 기다려 주세요.

3) 가: 사람은 세 명인데 침대가 ________________ 없는데 어떡하지요?
   나: 괜찮아요. 저는 바닥에서 자면 돼요.

4) 가: 점심 먹은 지 아직 ________________ 안 됐는데 왜 이렇게 배가 고프지?
   나: 나도 그래. 간식으로 빵을 좀 사다 먹을까?

5) 가: 회사 그만둔 거 아직 부모님께 말씀 안 드렸어?
   나: 응. 그건 ________________ 모르니까 내가 말하기 전까지는 비밀로 해 줘.

활동

보기 와 같이 친구와 이야기해 보십시오.

보기

가: 지금 지갑에 돈이 얼마나 있어요?

나: 사만 오천 원이 있어요.

가: 사만 오천 원이나 있어요? 꽤 많이 있네요.

	Q. 지금 지갑에 있는 돈	Q. 외워서 부를 수 있는 노래
나	• 5,000원	•
친구 1	• 45,000원	•
친구 2	• 1,000원	•

	Q. 지금까지 본 한국 영화	Q. SNS 친구 수
나	•	•
친구 1	•	•
친구 2	•	•

24 동작동사 아/어 있다

24-1

장민	한나 씨, 지금 어디예요?
한나	지금 가는 중인데 길이 막히네요. 미안해요. 많이 춥죠?
장민	괜찮아요. 저는 커피숍 안에 **들어와 있어요.** 천천히 오세요.

'동작동사 아/어 있다'는 어떤 동작이 끝난 후 그 상태가 계속 유지되거나 그 결과가 지속됨을 나타낼 때 사용한다. '아/어 있다' 앞에 사용하는 동작동사는 '명사 을/를'이 필요 없는 동작동사이다.

- 가: 공연 준비도 거의 다 됐으니까 집에 가자.
  나: 먼저 가. 나는 정리할 게 좀 **남아 있어.**

- 가: 주말에 놀이공원은 잘 갔다 왔어요?
  나: 아니요. 감기 기운이 있어서 약 먹고 주말 내내 **누워 있었어요.**

- 쉬는 시간에 휴대폰을 보니까 문자 메시지가 여러 통 **와 있었다.**
- 지하철에 할머니 한 분이 **서 계셔서** 자리를 양보해 드렸다.

연습 1 보기 와 같이 다음을 연결하십시오.

보기	이반	버스 정류장	서다

이반이 버스 정류장에 서 있어요.

1)	학생들	복도	나가다
2)	휴대폰	주머니	들다
3)	안내문	교실 벽	붙다
4)	지갑	바닥	떨어지다
5)	관객들	자리	앉다

연습 2 알맞은 것을 골라 대화를 완성하십시오.

남다 비다 오다 젖다 피다 모이다

1) 가: 새벽에 비가 내린 것 같죠?
나: 네. 바닥이 ____________________.

2) 가: 우리 반 친구들은 모두 어디에 있어요?
나: 이제 버스를 타려고 저쪽에 모두 ____________________.

3) 가: 내일 2시 공연 표를 예매하려고 하는데요.
나: 죄송하지만 2시 표는 매진입니다. 하지만 5시 표는 아직 ____________________.

4) 가: 수업이 끝난 후에 교실에서 공부해도 될까요?
나: 오후에는 교실이 ____________________(으)니까 괜찮을 거예요.

5) 가: 벌써 집에 가려고요?
나: 네. 부모님께서 집에 ____________________아서/어서 일찍 가 봐야 해요.

6) 가: 여의도 벚꽃 축제에는 잘 다녀왔어요?
나: 네. 벚꽃이 아주 예쁘게 ____________________아서/어서 사진도 많이 찍었어요.

연습 3 보기 와 같이 친구와 이야기해 보십시오.

보기

지금 흐엉 씨는 어디에 있어요?

밖에 잠깐 나가 있어요.

1) 상자가 무거워 보이는데 안에 뭐가 있어요?

2) 이번 학기 시간표가 어디에 있어요?

3) 아무리 찾아도 없었는데 이 볼펜 어디에서 찾았어?

4) 동아리 모임이 30분 후에 끝날 것 같은데 어디에서 기다릴래?

활동 그림을 보고 보기 와 같이 이야기해 보십시오.

보기 한강 공원에는 꽃이 예쁘게 피어 있어요.

25 아무 명사 도

25-1

루카스 여보세요? 장민 씨, 지금 어디예요?

장민 버스 타고 가고 있어요. 10분 정도 늦을 것 같아요. 그런데 다른 사람들은 왔어요?

루카스 아니요, 아직 **아무도** 안 왔어요. 천천히 오세요.

'아무 명사 도'는 그 어떤 명사도 아님을 나타낼 때 사용한다. 뒤에는 부정을 나타내는 말이 온다. 사람을 가리킬 때는 '아무도'를, 사물을 가리킬 때는 '아무것도'를, 장소를 가리킬 때는 '아무 데도'를 쓴다.

- 가: 오랜만에 백화점에 갔는데 뭐 좀 샀어요?
  나: 아니요, 마음에 드는 게 없어서 **아무것도** 안 샀어요.
- 가: 이번 연휴에 어디 안 가요?
  나: 네. 이번에는 **아무 데도** 안 가고 그냥 집에서 쉬려고요.

'말, 약속, 소식, 연락, 일, 계획' 등과 같은 명사를 자주 쓴다.

- 가: 지아 씨, 이번 주말에 뭐 할 거예요?
  나: 이번 주말에는 **아무 약속도** 없어서 밀린 집안일을 좀 하려고 해요.
- 장민은 2시간이나 늦은 친구 때문에 화가 나서 **아무 말도** 하지 않았다.

'아무에게도, 아무한테서도, 아무하고도'로도 쓸 수 있다.

- 가: 어제 내가 말한 거 비밀이니까 **아무한테도** 이야기하지 마.
  나: 알았어. 절대로 말 안 할게.
- 오늘은 기분이 안 좋아서 **아무하고도** 말하고 싶지 않아요.

연습 1 그림을 보고 보기 와 같이 문장을 완성하십시오.

보기

집에 아무도 없어요.

1)

냉장고에 ______________ 없어요.

2)

여기는 ______________ 들어갈 수 없습니다.

3)

다리를 다쳐서 ______________ 갈 수가 없어요.

4)

음악을 듣고 있어서 ______________ 못 들었어요.

연습 2 알맞은 말을 골라 대화를 완성하십시오.

말	계획	소리	약속	연락

1) 가: 방학에 뭐 할 거예요?

   나: 글쎄요, 아직 ______________ 없어요.

2) 가: 텔레비전이 고장 났어요?

   나: 그런 것 같아요. 어제부터 화면도 안 보이고 ______________ 안 나요.

3) 가: 오후에 시간 있어? 같이 영화 보러 갈래?

   나: 좋아. 오늘은 ______________ 없어. 같이 보러 가자.

4) 가: 지난주에 입사 지원한 거 결과 나왔어?

   나: 아니. ______________ 못 받았어. 떨어진 것 같아.

5) 가: 이반 씨는 한국에 처음 왔을 때도 이렇게 한국어를 잘했어요?

   나: 아니요. 저도 처음에는 한국 사람을 만나면 긴장해서 ______________ 못 했어요.

연습 3 대화를 완성하십시오.

1) 가: 나츠미 씨, 아프다고 들었는데 오늘은 뭐 좀 먹었어요?

   나: 아니요. 속이 안 좋아서 ______________________.

2) 가: 자전거 타다가 넘어졌다고 들었는데 다친 데 없어요?

   나: 괜찮아요. 다행히 ______________________.

3) 가: 얼굴이 안 좋아 보이는데 무슨 일 있어?

   나: 아니야. 조금 피곤해서 그래. ______________________.

4) 가: 오늘 첫 수업은 어땠어요?

   나: 아는 사람이 ______________________.

5) 가: 그렇게 힘든데 왜 나한테 이야기 안 했어요?

   나: 그때는 너무 힘들어서 ______________________.

활동 사진 속 인물이 되어서 보기 와 같이 이야기해 보십시오.

보기

저는 엄마가 없으면 아무것도 못 먹어요. 그리고 아무 데도 못 가지요. 아직 아무 말도 할 수가 없어요.

1

저는 중학교 2학년 15살이에요. 이유는 모르겠지만 ________

____

____

2

얼마 전 오랫동안 만난 연인과 헤어졌어요. 그래서 요즘 ________

____

____

26 동사 더라, 동사 더라고(요)

26-1

장민 어제 지아 집들이 잘 다녀왔어?

나츠미 응. 지아가 네가 안 와서 섭섭해했어.

장민 그러게. 나도 꼭 가고 싶었는데. 새로 이사 간 집은 어땠어?

나츠미 진짜 깨끗하고 **좋더라**. 근처에 한강 공원도 있고 교통도 **편리하더라고**.

'동사 더라', '동사 더라고(요)'는 과거에 화자가 직접 보거나 듣거나 느낀 것을 지금 떠올리며 말할 때 사용한다. 주로 구어에서 쓴다. '동사 더라고(요)'는 '동사 더라'와 큰 의미 차이 없이 바꿔 쓸 수 있지만 '동사 더라'에 비해 전달의 의미가 강하다.

- 가: 학교 오는 길에 보니까 화장품 가게에서 반값 할인을 **하더라**.
  나: 그래? 필요한 게 있는데 이따 가 봐야겠네.
- 가: 전주에 가서 뭐 먹었어요?
  나: 유명한 식당에서 비빔밥을 먹었는데 정말 **맛있더라고요**.
- 가: 어제 월드컵 결승전 어땠어? 재미있었어?
  나: 응. 우승한 팀 선수들이 역시 **잘하더라**. 특히 골키퍼가 골을 진짜 잘 **막더라고**.
- 어제 마트에 갔는데 수박 한 통이 **이만 원이더라고요**.
- 제 친구한테 들었는데 이 책이 한국어 쓰기 연습을 할 때 도움이 **된다고 하더라고요**.

동작을 하고 있는 것을 봤을 때는 '동사 더라, 동사 더라고(요)', 동작이 다 끝난 것을 봤을 때는 '동사 았/었더라, 동사 았/었더라고(요)'를 사용한다.

루카스가 아까 불고기를 **만들더라**.

루카스가 벌써 불고기를 다 **만들었더라**.

연습 1 그림을 보고 보기 와 같이 이야기해 보십시오.

보기

어제 길에서 준서를 봤는데 어떤 여자랑 손을 잡고 가더라.

1)

2)

3)

4)

연습 2 그림을 보고 보기 와 같이 이야기해 보십시오.

보기

아까 한나를 만났는데 한복을 입었더라고요.

1)

2)

3)

4)

연습 3 대화를 완성하십시오.

1) 가: 어제 산 옷 집에 가서 입어 봤어?

나: 응. 그런데 생각보다 ______________________.

2) 가: 박물관 구경은 잘하고 왔어요?

나: 아니요. 갔는데 마침 오늘이 ______________________.

3) 가: 시계 필요하다고 하지 않았어요? 아까 왜 안 샀어요?

나: 그 매장에는 마음에 드는 게 ______________________.

4) 가: 어제 우리 부서에서 같이 노래방에 갔는데 최 대리가 노래를 ______________________.

나: 그렇지? 나도 전에 한 번 들었는데 깜짝 놀랐어.

5) 가: 어제 그 드라마 마지막 회 봤어?

나: 꼭 보려고 했는데 집에 도착하니까 벌써 다 ______________________.

6) 가: 첸 씨, 타냐 씨한테도 퇴근하고 같이 저녁 먹자고 할까요?

나: 안 그래도 얘기하러 갔었는데 이미 ______________________.

연습 4 보기 와 같이 친구와 이야기해 보십시오.

보기

인터넷으로 물건을 사니까 어땠어요?

생각보다 복잡하지 않고 간단하더라고요.

1) 한국어를 처음 배웠을 때 어땠어?

2) 너도 레아가 키우는 강아지 봤어?

3) 어제 본 뮤지컬 어땠어요?

4) 한국에 오기 전에 한국에 대해서 어떤 이야기를 들었어요?

연습 5 그림을 보고 대화를 완성하십시오.

오후 2:35

75%

한나: 어제 결혼식은 잘 다녀왔어?

응. 신랑, 신부가 정말 1) ______________________.
그리고 신부도 진짜 2) ______________________.
참, 어머니들은 한복을 입으셨는데 아버지들은 그냥 정장을 3) ______________________.

한나: 맞아. 한국에서는 보통 그렇게 입는대.
그런데 축가는 누가 불렀어?

나는 친구가 부를 거라고 생각했는데 신랑이 직접 축가를 4) ______________________.
그런데 목소리가 정말 5) ______________________.

한나: 멋진 신랑이네. 두 사람은 어떻게 만났대?

친구 소개로 6) ______________________.
너도 주위에 나랑 어울리는 사람 있는지 잘 찾아봐.

한나: 알았어.^^
두 사람 신혼여행은 어디로 간대?

하와이로 7) ______________________.
하와이는 어느 나라에서나 인기 있는 여행지인가 봐.

활동 보기 와 같이 지난주에 간 곳에 대해 이야기해 보십시오.

보기

- 본　 것 여러 나라 식당이 많이 있다.
- 느낀 것 터키 음식의 맛이 괜찮다.
- 들은 것 그 식당에 연예인도 많이 온다.

저는 지난주에 이태원에 다녀왔어요. 이태원에 가 보니까 여러 나라 식당이 많이 있더라고요. 친구가 터키 음식을 먹고 싶다고 해서 '케르반'이라는 터키 음식점에 갔어요. 터키 음식을 처음 먹어 봤는데 맛이 괜찮더라고요. 식당 사장님께 들었는데 그 식당에 연예인도 많이 온다고 하더라고요.

- 본　 것 ______________________
- 느낀 것 ______________________
- 들은 것 ______________________

27 동사 아/어 가지고

27-1

나츠미 (콜록 콜록) 감기에 걸렸는데 약을 먹어도 좋아지지 않네요.

레아 그럼 이거 한 잔 마셔 볼래요?

나츠미 이게 뭔데요?

레아 우리 나라에서 감기에 걸렸을 때 먹는 건데요. 와인에 과일을 **넣어 가지고** 끓인 거예요.

'동작동사 아/어 가지고'는 앞의 동작이 먼저 일어난 후에 뒤의 동작이 일어나는 시간적 선후 관계를 나타낼 때 사용한다. 주로 구어에서 쓴다.

- 가: 수박이 너무 커서 냉장고에 안 들어갈 것 같은데.
  나: 그럼 반으로 **잘라 가지고** 넣어.
- 가: 재료는 어떻게 준비할까요?
  나: 먼저 채소를 깨끗이 **씻어 가지고** 썰어 주세요.
- 장민한테 **전화해 가지고** 모임 날짜를 물어볼게요.
- 주말에 반 친구들이랑 **모여 갖고** 축구를 하기로 했어.

'동사 아/어 가지고'는 앞의 동작이나 상태가 뒤의 이유나 원인이 됨을 나타낼 때 사용한다. 주로 구어에서 쓴다.

- 가: 김 대리님, 6시인데 퇴근 안 하세요?
  나: 오늘은 일이 **많아 가지고** 집에 일찍 못 갈 것 같아요.
- 가: 왜 이렇게 늦었어? 무슨 일 있었어?
  나: 늦어서 미안해. 휴대폰을 집에 두고 **나와 가지고** 다시 집에 갔다 왔어.
- 날씨가 너무 **더워 가지고** 에어컨을 밤새 틀어 놓고 잤어요.
- 이 해수욕장은 넓고 **깨끗해 가지고** 사람들이 많이 와요.

* '동사 아/어 가지고'는 '동사 아/어 갖고'로 줄여서 쓸 수 있다.

연습 1 보기 와 같이 다음을 연결하십시오.

보기 고향 음식을 만들다 → 친구들과 같이 먹다

고향 음식을 만들어 가지고 친구들과 같이 먹었어요.

1)	재료를 썰다	프라이팬에 볶다
2)	티셔츠를 빨다	옷걸이에 걸다
3)	집에 들어오다	방 청소를 하다
4)	생일 카드를 쓰다	어머니께 보내 드리다
5)	준서 씨에게 연락하다	약속 시간을 바꾸다

연습 2 보기 와 같이 문장을 완성하십시오.

보기

지난 주말에 너무 피곤해 가지고 집에서 쉬었어요.

1)

장민은 ______________
친구들에게 인기가 많아요.

2)

저는 ______________
자주 지각해요.

3)

요즘 ______________
밥 먹을 시간도 없어요.

4)

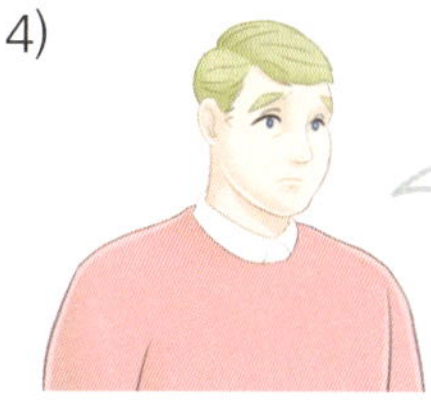

어제 ______________
도서관에 못 들어갔어요.

연습 3 대화를 완성하십시오.

1) 가: 어제 본 영화는 어땠어요? 재미있었어요?

나: 아니요. 영화가 ____________________ 보다가 잤어요.

2) 가: 야경이 정말 멋지다! 남산에 올라오기를 잘했지?

나: 응. 사진을 ____________________ SNS에 올려야겠어.

3) 가: 어제 남자 친구는 잘 만났어?

나: 아니. 남자 친구랑 만나자마자 ____________________ 그냥 집에 왔어.

4) 가: 이삿짐을 싸는 중인데 책이 너무 많아서 힘들어요.

나: 그럼 안 보는 책들을 ____________________ 필요한 사람한테 주는 게 어때요?

연습 4 상황에 맞게 보기 와 같이 이야기해 보십시오.

보기 숙제도 없고 해야 할 일이 하나도 없을 때

- 숙제도 없고 해야 할 일이 하나도 없어 가지고 심심했어요.
- 숙제도 없고 해야 할 일이 하나도 없어 가지고 집에서 쉬었어요.

1) 남자 친구/여자 친구와 헤어졌을 때

2) 사람이 많은 버스 안에서 넘어졌을 때

3) 고향에 있는 친구를 오랜만에 만났을 때

4) 밤에 길을 걸어가는데 뒤에서 누가 따라왔을 때

활동 보기 와 같이 서비스 센터 직원과 이야기해 보십시오.

고장의 원인

실수로 물에 빠뜨렸다.

현재 상태

사용 중에 자꾸 전원이 꺼진다.

보기

고객: 저, 휴대폰이 고장 나 가지고 고치러 왔는데요.

직원: 어떻게 하다가 고장이 났어요?

고객: 제가 실수로 물에 빠뜨려 가지고 고장이 났어요.

직원: 그러세요? 어떤 문제가 있어요?

고객: 휴대폰을 사용하는 중에 전원이 자꾸 꺼져요.

직원: 확인해 드리겠습니다. 잠시만 기다려 주세요.

1

고장의 원인

걸어가다가 떨어뜨렸다.

현재 상태

액정이 깨져서 글자가 잘 안 보인다.

2

고장의 원인

현재 상태

28 동사 기는 하다

28-1

나츠미 장민, 어제 학교 근처로 이사를 했다면서? 힘들지 않았어?

장민 이반이 도와줘서 괜찮았어.

나츠미 이제 집이 학교에서 가까워서 좋겠다.

장민 **좋기는 한데** 월세가 너무 비싸.

'동사 기는 하다'는 어떤 일이나 상황을 인정함을 나타낼 때 사용한다. 주로 대조를 나타내는 '-지만'과 '-(으)ㄴ/는데'와 함께 사용하여 다른 생각이나 의견도 있음을 나타낸다.

- 가: 지금도 준서 씨와 연락하면서 지내요?
  나: 네, 연락을 **하기는 해요**. 그런데 예전처럼 자주 하지는 못해요.

- 가: 병원에서 일하는 게 힘들지 않아요?
  나: 일이 **힘들긴 한데** 보람을 느낄 수 있어서 좋아요.

- 동생이 교통사고가 나서 **다치기는 했는데** 심하지 않아서 다행이에요.
- 내일 낮 최고 기온은 10도로 오늘보다 조금 **떨어지기는 하겠지만** 여전히 따뜻하겠습니다.
- 오늘은 쉬는 **날이기는 하지만** 해야 할 일이 있어서 회사에 가요.

다음과 같이 동사를 두 번 반복해서 사용할 수도 있다.

- 글을 **읽기는 읽었지만** 무슨 내용인지 잘 모르겠어요.
- 학교 근처에 식당이 **많긴 많은데** 괜찮은 식당은 별로 없어요.

* '동사 기는 하다'는 '동사 긴 하다'로 줄여서 쓸 수 있다.

연습 1 보기 와 같이 대화를 완성하십시오.

> **보기** 가: 새로 산 노트북은 좋아요?
> 나: 네, 좋기는 해요. 그런데 좀 무거워서 휴대하기가 힘들어요.

1) 가: 밖에 눈이 내리나 봐요.
   나: 네, 눈이 ______________________. 그런데 많이 오지는 않아요.

2) 가: 한국의 여름 날씨가 덥지요?
   나: 네, ______________________. 하지만 우리 고향보다는 덜 더워요.

3) 가: 보고서는 다 썼어요?
   나: 네, ______________________. 그런데 잘 쓰지는 못한 것 같아요.

4) 가: 불고기를 만들 줄 알아요?
   나: 네, 한국 친구에게 배워서 ______________________. 하지만 혼자 만들어 본 적은 없어요.

5) 가: 한나 씨는 남자 친구하고 동갑이에요?
   나: 네, ______________________. 그런데 남자 친구가 생각이 깊어서 오빠 같아요.

연습 2 보기 와 같이 다음을 연결하십시오.

> **보기** 부모님이 보고 싶다 — 자주 영상 통화를 해서 괜찮다
> ➜ 부모님이 보고 싶기는 하지만 자주 영상 통화를 해서 괜찮아요.

1)	이 옷이 마음에 들다	너무 비싸서 못 살 것 같다
2)	넘어져서 다리가 아프다	걸을 수 있다
3)	말하기 대회에 나가겠다	상을 받을 자신은 없다
4)	직접 만들어 준 음식이라서 먹었다	맛은 별로였다
5)	첸 씨는 좋은 사람이다	저하고는 성격이 잘 안 맞는 것 같다

연습 3 보기 와 같이 친구와 이야기해 보십시오.

보기

흐엉 씨는 수영을 할 수 있어요?

네, 할 수 있기는 하지만 잘하지는 못해요.

1) 지금 밖에 비가 오나요?

2) 나츠미 씨는 운전면허증이 있어요?

3) 저 식당은 항상 붐비네요. 음식이 맛있나 봐요.

4) 장민 씨, 혹시 마이클 씨 알아요?

활동 보기 와 같이 친구와 이야기해 보십시오.

상황 자신에게 짧은 치마를 추천해 주는 옷 가게 직원과 이야기를 한다.

추천 내용과 이유	나의 생각
짧은 치마, 어울리다	예쁘지만 길이가 짧다

보기

가: 제가 입을 치마를 찾고 있는데요.

나: 이 짧은 치마는 어떠세요?
손님한테 잘 어울릴 것 같은데요.

가: 음, 예쁘기는 한데 좀 길이가 짧은 것 같아요.
조금 더 긴 걸로 보여 주시겠어요?

1 과장님 생신 선물로 서류 가방을 사자고 하는 직장 동료와 이야기를 한다.

추천 내용과 이유	나의 생각
서류 가방, 필요하다	괜찮지만 가격이 비싸다

2 놀이공원에서 롤러코스터를 타자고 하는 친구와 이야기를 한다.

추천 내용과 이유	나의 생각
롤러코스터, 재미있다	재미있지만 기다리는 줄이 길다

29 동사 (는/ㄴ)다면

29-1

장민 얼마 전에 인터넷에서 봤는데 곧 무인 자동차를 거리에서 볼 수 있을 거래.

나츠미 운전하는 사람이 없이 움직이는 차?

장민 응, 맞아. 이미 개발은 했는데 안전 문제 때문에 계속 시험하고 있나 봐.

나츠미 무인 자동차가 **나온다면** 운전을 배울 필요가 없겠네.

'동사(는/ㄴ)다면'은 어떤 상황을 가정할 때 사용한다. 주로 일어날 가능성이 없거나 낮은 경우에 쓴다.

- 가: 만약 말하기 대회에서 대상을 **받는다면** 상금으로 뭘 하고 싶으세요?
  나: 상금을 **받는다면** 노트북을 새 걸로 바꾸고 싶어요.

- 가: 사람들의 생각이 모두 **똑같다면** 어떨까?
  나: 글쎄, 내 생각에는 세상이 재미없어질 것 같은데.

- 인터넷을 **사용하지 못한다면** 생활이 많이 불편해질 것 같아요.
- 내가 이 영화의 **주인공이라면** 사랑보다는 우정을 선택할 것이다.

연습 1 보기 와 같이 다음을 연결하십시오.

보기

복권에 당첨되다 / 세계 여행을 해 보고 싶다

➔ 복권에 당첨된다면 세계 여행을 해 보고 싶어요.

1) 고등학교 때로 돌아가다 · 영어 공부를 열심히 할 것이다

2) 이 화장품의 효과가 없다 · 환불을 해 준다고 하다

3) 짝사랑하는 사람과 저녁을 먹다 · 떨려서 밥을 못 먹을 것 같다

4) 실패를 두려워하지 않다 · 언젠가 성공할 것이다

5) 제가 사장님이다 · 직원들에게 월급을 많이 줄 것이다

연습 2 보기 와 같이 문장을 완성하십시오.

보기

타임머신이 있다면
10년 후의 미래를 보고 싶어요.

1)

제가 남자/여자라면
______________________.

2)

매일 백만 원이 생긴다면
______________________.

3)

내가 유명한 사람이 된다면
______________________.

4)

오늘이 내 인생의 마지막
날이라면 ______________.

연습 3 알맞은 것을 골라 대화를 완성하십시오.

살다	너이다	입사하다	휴일이다	다시 가다

1) 가: 매일 ______________ 정말 행복할 것 같아.
   나: 그래? 난 너무 심심할 것 같은데.

2) 가: 제주도에 ______________ 언제 가 보고 싶어요?
   나: 지난번에는 여름에 갔으니까 눈이 내린 풍경을 보러 겨울에 다시 가고 싶어요.

3) 가: 만약 한국에 계속 ______________ 무슨 일을 하고 싶어요?
   나: 저는 통역 일을 해 보고 싶어요.

4) 가: 우리 회사에 지원해 주셔서 감사합니다. 마지막으로 하고 싶은 말 있으세요?
   나: 네. 제가 이 회사에 ______________ 회사 발전을 위해 최선을 다하겠습니다.

5) 가: 요즘 룸메이트가 밤늦게까지 통화를 오래 해서 밤에 잠을 잘 못 자. 어떡하지?
   나: 내가 ______________ 룸메이트에게 불편하다고 솔직하게 이야기할 것 같아.

활동 그림을 보고 보기 와 같이 이야기해 보십시오.

보기 투명 망토가 생긴다면 공짜로 비행기를 타는 사람들이 많을 것 같아요.

30 동사 던

30-1

타냐 첸 씨가 요즘 많이 달라진 것 같아요.

상진 그렇죠? 지난번에 한 건강 검진 결과가 안 좋아서 많이 놀랐나 봐요.

타냐 그러게요. 퇴근 후에 늘 친구들과 **어울리던** 사람이 운동도 아주 열심히 하고 술도 끊었더라고요.

'동사 던'은 과거 상황을 떠올리며 말할 때 사용하며 뒤에 오는 명사를 수식한다.

- 가: 이 사진은 언제 찍은 거예요?
  나: 제가 한국에 **오던** 날 가족들이랑 공항에서 찍은 거예요.
- 오래간만에 고향에 와서 보니 **아름답던** 풍경이 변해 있었다.

과거에 반복된 일을 말할 때는 주로 '동작동사 던'을 사용한다. 다만 일회적인 경험을 말할 때는 '동작동사 았던/었던'을 쓴다.

- 가: 여기 기억나? 우리 초등학생 때 자주 **놀던** 곳이잖아.
  나: 그럼, 당연하지. 그때 정말 재미있었는데.
- 지난 방학에 같이 여행을 **갔던** 친구들과 오늘 만나기로 했어요.

'동작동사 던'은 아직 끝나지 않은 동작을 나타낼 때도 사용한다.

- 가: 미안해요. 회사에서 중요한 전화가 와서요.
  나: 괜찮아요. 아까 **하던** 이야기 계속할까요?
- 가: 혹시 제가 **마시던** 커피 못 보셨어요?
  나: 죄송해요. 제가 다 드신 줄 알고 버렸어요.

연습 1 보기 와 같이 다음을 연결하십시오.

보기

하늘이 맑다	흐려졌다

맑던 하늘이 흐려졌다.

1)	바다가 깨끗하다	관광객들 때문에 오염되었다
2)	그날 첫눈이 내리다	남자 친구를 만났다
3)	나츠미가 그 영화를 보면서 엉엉 울다	생각나다
4)	장민이 발표할 때마다 목소리가 떨리다	아직도 기억나다
5)	친구가 피아노를 치며 내 생일을 축하해 주다	너무 보고 싶다

연습 2 알맞은 것을 골라 문장을 완성하십시오.

가다 듣다 떨다 쓰다 자다

1) 이 인형은 내가 어렸을 때 안고 ____________ 것이다.

2) 내가 고등학교 때 자주 ____________ 분식집이 없어졌다.

3) 한국에서 유학할 때 자주 ____________ 음악이 라디오에서 나왔다.

4) 이 커피숍은 예전에 친구들과 공부도 하고 수다도 ____________ 곳이다.

5) 내가 영어를 공부할 때 ____________ 전자사전을 지금은 내 동생이 사용하고 있다.

연습 3 보기 와 같이 문장을 바꿔 이야기해 보십시오.

보기 주말에 자료 정리를 하다가 다 하지 못했다. 오늘 다 끝냈다.

➔ 주말에 하던 자료 정리를 오늘 다 끝냈다.

1) 어제 책을 읽다가 다 읽지 못했다. 오늘 그 책을 다시 읽었다.

➔

2) 수업 전에 샌드위치를 먹다가 다 먹지 못했다. 쉬는 시간에 다 먹었다.

➔

3) 지난달에 목도리를 만들다가 바빠서 완성하지 못했다. 오늘 다 완성했다.

➔

4) 지난주에 공포 영화를 보다가 잠들었다. 룸메이트와 오늘 다시 봤다.

➔

연습 4 알맞은 것을 골라 대화를 완성하십시오.

가다	먹다	나오다	산책하다

1) 가: 오늘 저녁에 뭐 먹을까요?
나: 요리하기 귀찮은데 그냥 어제 ______ 찌개랑 반찬이랑 먹는 게 어때요?

2) 가: 이 사진 보니까 옛날 생각난다. 여기 우리가 저녁마다 ______ 공원이잖아.
나: 그러게. 그때 산책하면서 우리 많이 친해졌잖아. 내일 여기 한번 가 볼까?

3) 가: 여기가 어디예요? 경치가 정말 좋네요.
나: 아, 지난 방학에 한국 친구랑 ______ 곳이에요. 저도 남해에 처음 가 봤는데 정말 예쁘더라고요.

4) 가: 나츠미, 금요일에 본 영화에 ______ 남자 배우 이름이 뭐지? 나 방금 학교 앞에서 본 것 같아.
나: 박진호? 진짜 봤어? 나도 보고 싶다.

연습 5 보기 와 같이 친구와 이야기해 보십시오.

보기

무슨 노래를 듣고 있어요?

제가 고향에서 자주 듣던 노래예요.

1) 학교 다닐 때 친구들과 어디에 자주 갔어요?

2) 지난 회식 때 뭘 먹었어요?

3) 이 커피 누구 거예요?

4) 토요일에 커피숍에서 만난 사람이 누구예요?

활동 보기 와 같이 추억의 장소에 대해 친구와 이야기해 보십시오.

추억의 장소 한국어를 공부할 때 자주 가던 커피숍

그 장소에서 한 일/특징

- 친구들과 숙제도 하고 이야기도 많이 했다.
- 케이크가 정말 맛있었다.

추억이 된 이유

- 수업이 끝나고 나츠미와 자주 가던 곳이다.
- 여기에서 나츠미와 아주 친해졌다.

보기 여기는 제가 한국에 있을 때 자주 가던 커피숍이에요. 수업이 끝나고 친구들이랑 가서 숙제도 하고 이야기도 많이 했어요. 특히 나츠미와 여기에 자주 갔는데 여기에서 같이 공부하면서 아주 친해졌어요. 나츠미가 여기에서 팔던 치즈 케이크를 아주 좋아해서 갈 때마다 먹었어요. 다음에 나츠미하고 같이 다시 한번 가 보고 싶어요.

추억의 (   )

한 일/특징

-
-

추억이 된 이유

-
-

31 동사 (는/ㄴ)다면서(요)?

31-1

장민 나츠미, 한나 씨가 학교 근처로 이사 온대.

나츠미 정말? 잘됐네. 언제 이사한대?

장민 내일 한대.

교실에서

나츠미 한나 씨, 내일 **이사한다면서요**? 제가 도와줄 거 없어요?

'동사 (는/ㄴ)다면서(요)?'는 다른 사람에게 들은 이야기를 확인하여 말할 때 사용한다.

- 가: 흐엉 씨가 이번 학기 장학금을 **받는다면서요**?
  나: 네. 그동안 열심히 공부했잖아요.
- 가: 물을 너무 많이 마시면 오히려 건강에 **안 좋다면서**?
  나: 응. 나도 TV 프로그램에서 봤어.
- 가: 흐엉 씨 남자 친구가 우리 학교 **학생이라면서요**?
  나: 그래요? 전 다른 학교 학생이라고 들었는데요.

상대방이 자신이 한 말을 잊어버렸거나 했던 말과 행동이 다른 경우에도 사용한다.

- 가: 외출 안 해요? 1시에 약속 **있다면서요**?
  나: 아, 맞다. 알려 줘서 고마워요.
- 가: 여기에 있던 종이 못 봤어?
  나: 네가 책상 위에 있는 거 다 **버리라면서**? 그래서 아까 버렸어.
- 가: 준서야, 같이 방 **청소하자면서?** 지금 어디 가?
  나: 미안해. 급한 일이 생겨서 잠깐 나갔다 올게.

연습 1 보기 와 같이 문장을 바꿔 이야기해 보십시오.

보기 레아가 다음 학기에 고향에 돌아간다.

→ 레아 씨, 다음 학기에 고향에 돌아간다면서요?

1) 요즘 한국어로 된 책을 읽다.

→

2) 집에서 빵을 자주 만들다.

→

3) 이번 학기 수업이 어렵다.

→

4) 토요일이 자이튼 생일이다.

→

5) 지난 학기에 이반 씨랑 같은 반이었다.

→

6) 다음 주에 여행을 갈 것이다.

→

연습 2 보기 와 같이 친구와 이야기해 보십시오.

보기

장민 씨, 전공이 경영학이라면서요?

네. 중국에서 경영학을 전공했어요.

1) 한나 씨는 ____________?

네. 어렸을 때부터 사진 찍는 걸 좋아했어요.

2) 레아 씨, 어제 ____________?

아니요. 소개팅 안 했는데요.

3) 이반 씨, ____________?

네. 다음 주에 이사할 거예요.

4) 루카스 씨, 어제 ____________?

네. 감기가 심해서 하루 종일 집에 있었어요.

연습 3 보기 와 같이 문장을 완성하십시오.

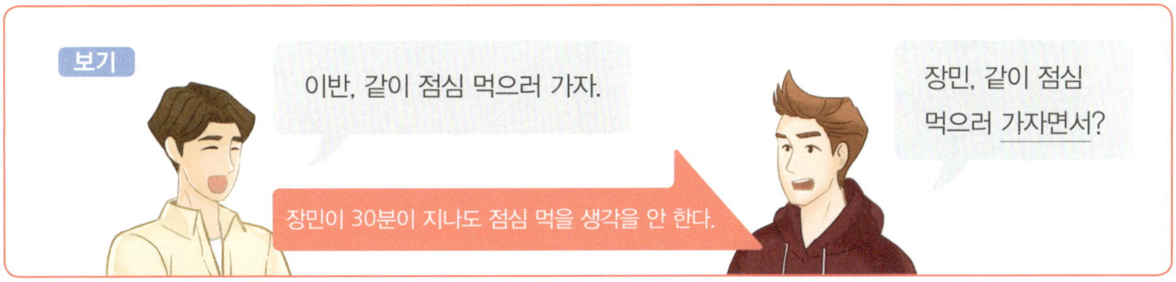

1)

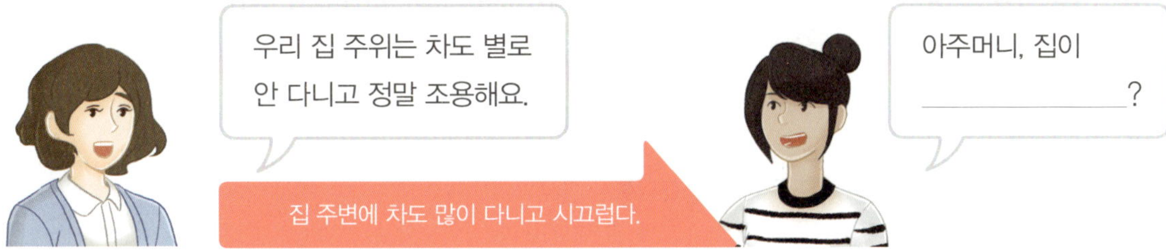

2)

3)

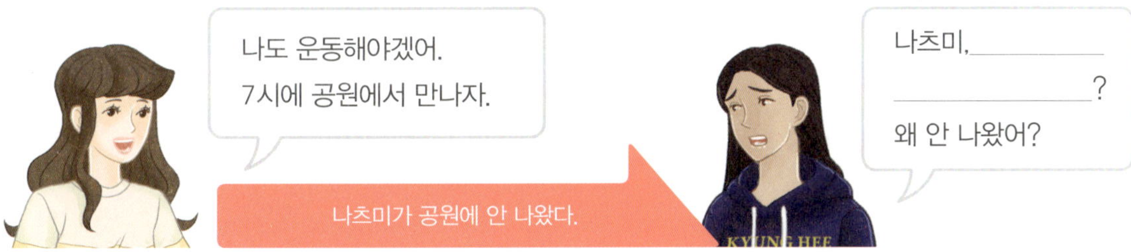

4)

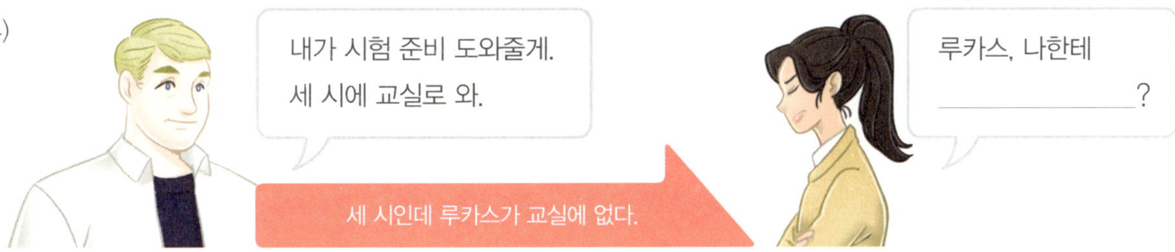

연습 4 대화를 완성하십시오.

1) 가: 지난주에 토픽 시험 ________________________?

나: 응. 그런데 잘 못 본 것 같아.

2) 가: 이스탄불이 터키에서 제일 큰 ________________________?

나: 맞아요. 수도는 아니지만 터키에서 제일 큰 도시예요.

3) 가: 장민 씨의 아버지도 장민 씨처럼 ________________________?

나: 네. 우리 아버지도 키가 크세요.

4) 가: 흐엉, 베트남 사람들은 아침에 쌀국수를 ________________________?

나: 맞아. 쌀국수도 자주 먹고 샌드위치도 자주 먹어.

5) 가: 아직 집에 안 갔네. 혹시 나 기다린 거야?

나: 뭐야. 아까 나한테 같이 ________________________?

활동 보기 와 같이 친구와 이야기해 보십시오.

상황 학교 앞에 새로 생긴 식당에 갔다.

내가 들은 정보	들은 정보와 다른 점
• 음식: 맛있다. • 직원: 친절하다.	• 음식: 맛이 별로다. • 직원: 불친절하다.

보기

가: 나츠미, 학교 앞에 새로 생긴 '또와' 식당에 가 봤다면서? 어땠어?

나: 새로 생겨서 그런지 직원들도 친절하고 맛도 좋더라.

다음 날 학교에서

가: 나츠미, 식당 직원들이 친절하고 음식도 맛있다면서?

나: 왜? 별로였어?

가: 응. 직원들도 불친절하고 맛도 별로더라고.

1 지난주에 개봉한 영화를 봤다.

내가 들은 정보	들은 정보와 다른 점
• 배우 :	• 배우 :
• 내용 :	• 내용 :

2 새로 나온 휴대폰을 사러 갔다.

내가 들은 정보	들은 정보와 다른 점
• 가격 :	• 가격 :
• 기능 :	• 기능 :

32 동사 (으)ㄴ/는 대신(에)

32-1

장민 제주도에 가려고 하는데 가고 싶은 날짜에 비행기표가 없어서 고민이야.

나츠미 그래? 그럼 **비행기 대신에** 배를 타고 가는 건 어때?

장민 배는 시간이 너무 오래 걸리지 않을까?

나츠미 시간이 오래 **걸리는 대신에** 저렴해서 여행 경비를 아낄 수 있잖아.

'동작동사 는 대신(에)'는 앞의 동작을 다른 동작으로 대체함을 나타낼 때 사용한다. 앞과 뒤의 동사가 같을 경우에는 '명사 대신(에)'로 사용할 수 있다.

- 가: 장민, 오늘 영화 보기로 한 거 잊지 않았지?
  나: 응. 그런데 오늘 날씨도 좋으니까 영화 보러 **가는 대신에** 자전거 타러 가는 건 어때?

- 가: 저는 따뜻한 커피 마실래요. 상진 씨는요?
  나: 커피는 아까 마셨으니까 **커피 대신에** 녹차를 마실래요.

- 새로운 노트북을 **구매하는 대신** 빌리기로 했다.

'동사 (으)ㄴ/는 대신(에)'는 앞의 내용이 뒤의 내용과 다르거나 반대임을 나타낼 때 사용한다.

- 가: 여기는 부엌이 좀 좁은 것 같아요.
  나: 부엌이 **좁은 대신에** 다른 집보다 거실이 넓어요.

- 오늘 **야근하는 대신** 내일은 한 시간 늦게 출근하기로 했어요.

연습 1 보기 와 같이 다음을 연결하십시오.

보기 요즘에는 전화를 하다 → 문자 메시지를 더 많이 보내다

요즘에는 전화를 하는 대신에 문자 메시지를 더 많이 보내요.

1) 두꺼운 점퍼를 입다 | 얇은 옷을 여러 벌 입다

2) 외국어 학원에 다니다 | 인터넷으로 수업을 들을 것이다

3) 건강을 위해 엘리베이터를 타다 | 계단을 자주 이용하다

4) 너무 피곤해서 저녁을 만들어 먹다 | 시켜 먹으려고 하다

연습 2 알맞은 것을 골라 문장을 완성하십시오.

비싸다　근무하다　떨어지다　준비하다

1) 그 도시는 교통비가 ____________ 숙박비가 저렴한 편입니다.

2) 오늘 늦게까지 ____________ 내일 출근 시간이 11시로 늦춰졌어요.

3) 이 제품은 저것보다 품질이 조금 ____________ 가격이 저렴합니다.

4) 내가 회의 자료를 ____________ 김 대리가 회의 결과 보고서를 작성하기로 했다.

연습 3 대화를 완성하십시오.

1) 가: 사장님, 제가 오늘 많이 피곤해서 그런데 일찍 들어가도 될까요?
나: 네. 하지만 오늘 ____________ 내일 일찍 오세요.

2) 가: 이번 방학에도 해외여행을 가요?
나: 이번 방학에는 ____________ 국내 여행을 길게 갈까 해요.

3) 가: 오늘 점심에 떡볶이 먹으러 갈래?
나: 떡볶이는 좀 매우니까 ____________ 볶음밥을 먹으러 가자.

4) 가: 새로 이사 간 집은 어때요?
나: 시내와 조금 멀리 떨어져 있어서 ____________ 공기가 맑고 조용해서 좋아요.

활동 보기 와 같이 친구와 이야기해 보십시오.

상황 내일 한강에 자전거를 타러 가기로 했는데 일기 예보에서 비가 온다고 한다.

보기

가: 우리 내일 한강에서 자전거 타기로 했지?

나: 응. 그런데 내일 비가 온다고 하는데 어떻게 하지?

가: 그럼 자전거 타는 대신에 극장에 가서 영화 보자.

1 점심을 먹으러 학생 식당에 갔는데 줄이 너무 길다.

2 친구 생일 선물을 사러 갔는데 원하는 물건이 다 팔렸다.

33 피동

33-1

직원 무엇을 도와드릴까요?

루카스 서울 시티 투어 버스 정류장은 어디에 있나요?

직원 저기 길 건너편에 서점이 있는데 그 앞에 정류장이 있어요.

루카스 아, 저기 서점 간판이 **보이네요.** 감사합니다.

피동은 주어가 되는 대상이 스스로 움직이지 않고 다른 것에 의해 움직이는 것을 나타낸다.

보이다	닫히다	걸리다	끊기다
놓이다	먹히다	들리다	안기다
쌓이다	뽑히다	열리다	쫓기다
쓰이다	잡히다	팔리다	빼앗기다
…	…	…	…

- 가: 내 전화기 고장 났나 봐. 전화가 자꾸 **끊겨.**
  나: 그래? 그럼 AS센터에 가 봐야겠네.
- 가: 한라산에 다녀왔다면서요? 어땠어요?
  나: 눈이 많이 **쌓여 있었어요.** 그래서 정말 아름답더라고요.
- 이번 학기에 장민이 우리 반 반장으로 **뽑혔어요.**
- 내 방 벽에는 고등학교 때 친구들과 찍은 사진이 **걸려 있다.**

'동작동사 아지다/어지다'의 형태로도 피동을 나타낼 수 있다.

- 가: 지금 보시는 이 건물은 500년 전에 **만들어졌습니다.**
  나: 와, 정말 오래됐네요.
- 이 컵은 뜨거운 물을 부어도 잘 **깨지지 않는다.**

연습 1 그림을 보고 보기 와 같이 문장을 완성하십시오.

보기

도둑이 경찰에게 잡혔어요. (잡다)

1) 운동화 끈이 ____________________. (풀다)

2) 창밖으로 한강이 ____________________. (보다)

3) 옆집에서 음악 소리가 ____________________. (듣다)

4) 여름에는 수박이 잘 ____________________. (팔다)

5) 바람 때문에 갑자기 창문이 ____________________. (닫다)

6) 쥐가 고양이에게 ____________________. (쫓다)

7) 어젯밤에 모기한테 ____________________. (물다)

8) 귀여운 아이가 나츠미에게 ____________________. (안다)

연습 2 알맞은 것을 골라 문장을 완성하십시오.

걸리다	놓이다	닫히다	떨리다
뽑히다	열리다	찍히다	빼앗기다

1) 편의점은 24시간 문이 ________________ 아/어 있다.

2) 나는 긴장을 하면 목소리가 ________________ 는/ㄴ다.

3) 동물원에서 원숭이에게 들고 있던 과자를 ________________ 았다/었다.

4) CCTV에 범인의 모습이 ________________ 아서/어서 잡을 수 있었대요.

5) 옷장에 옷이 가득 ________________ 아/어 있지만 마음에 드는 옷은 없다.

6) 12시가 되면 기숙사 문이 ________________ (으)니까 그 전에 들어가야 해요.

7) 제 책상 위에 ________________ 아/어 있는 사진은 제주도에서 찍은 거예요.

8) 이영광 선수는 축구 국가대표로 ________________ 아서/어서 이번 월드컵에 나가게 되었다.

연습 3 알맞은 것을 골라 문장을 완성하십시오.

꺼지다	써지다	찢어지다	만들어지다	이루어지다

1) 이 가방은 재활용품으로 ________________ 았다/었다.

2) 이 펜은 잉크가 없나 봐요. 펜이 안 ________________ 네요.

3) 급하게 뛰어오다가 넘어져서 바지가 ________________ 았어/었어.

4) 불이 ________________ 아/어 있는 걸 보니까 집 안에 아무도 없는 것 같아요.

5) 포기하지 않고 계속 노력한다면 언젠가는 꿈이 ________________ (으)ㄹ 거예요.

연습 4 알맞은 것을 골라 대화를 완성하십시오.

깨지다	끊기다	들리다	막히다
쌓이다	잠기다	켜지다	팔리다

1) 가: 연휴라서 길이 많이 ________________네요.

나: 그러게요. 평소보다 2시간은 더 걸릴 것 같은데요.

2) 가: 요즘 어떤 립스틱이 잘 ________________나요?

나: 이게 이번 가을에 유행하는 색깔이라서 잘 나가요.

3) 가: 서울은 지하철 막차 시간이 몇 시예요?

나: 보통 12시쯤 지하철이 ________________아요/어요.

4) 가: 이 이어폰 처음 보는 건데 새로 샀어?

나: 응. 소리가 잘 안 ________________아서/어서 새로 샀어.

5) 가: 휴게실에 가서 쉰다고 하지 않았어? 왜 그냥 왔어?

나: 휴게실 문이 ________________아/어 있어서 못 들어갔어.

6) 가: 제주도에 큰 태풍이 왔다면서?

나: 응. 바람이 심하게 불어서 창문이 ________________고 나무도 넘어졌대.

7) 가: 첸 씨, 휴대폰 고장 났어요?

나: 네. 어제 책상에서 떨어졌는데 그때부터 전원이 안 ________________아요/어요.

8) 가: 요즘 일 때문에 스트레스가 ________________아서/어서 그런지 머리가 계속 아파.

나: 아무리 바빠도 좀 쉬면서 해.

연습 5 그림을 보고 보기 와 같이 이야기해 보십시오.

보기 책상 위에 가족사진이 놓여 있어요.

활동 그림을 보고 상황에 맞게 집주인에게 요청하는 메시지를 쓰십시오.

상황 이사하기 전에 준비를 위해 이사할 집을 보러 갔는데 집에 몇 가지 문제가 있다.

집의 문제점

☑ 전구	전구가 깨져 있다.
☐ 창문	
☐ 벽지	
☐ 쓰레기	

안녕하세요. 저는 다음 주에 행복원룸 306호에 이사를 가기로 한 장민인데요. 부탁드릴 게 있어서 연락드립니다. 오늘 집에 가 보니까 ______________________

34 동작동사 (으)ㄹ 만하다

34-1

나츠미 제주도 여행은 어땠어요?

레아 정말 재미있었어요.

나츠미 맛있는 음식도 많이 먹었어요?

레아 네. 흑돼지 삼겹살을 먹었는데 고기도 부드럽고 정말 **먹을 만하더라고요.**

'동작동사 (으)ㄹ 만하다'는 앞에 나오는 동작을 할 가치가 있음을 나타낸다.

- 가: 어제 본 액션 영화는 재미있었어요?
  나: 네. 감독의 연출도 좋고 배우들의 액션도 화려해서 정말 **볼 만했어요.**

- 가: 이 신발 오래됐는데 이제 버릴까?
  나: 아직 **신을 만하니까** 버리지 마.

- 제가 처음 끓인 김치찌개인데 **먹을 만해요**?
- 이 책은 이해하기도 쉽고 내용도 재미있어서 **읽어 볼 만할 거예요.**

어떤 상황이 일어나는 것이 당연하다고 생각할 때도 사용할 수 있다.

- 가: 상진 씨가 이번에 대리로 승진한대요.
  나: 우리 동기 중에 제일 열심히 일했잖아요. **승진할 만하죠.**

- 가: 나츠미가 화가 많이 난 것 같아. 무슨 일 있어?
  나: 장민이 오늘도 늦게 왔대. 자주 약속에 늦으니까 **화날 만하지.**

연습 1 보기 와 같이 다음을 연결하십시오.

보기 남산은 야경이 아름답다 / 가 보다

→ 남산은 야경이 아름다워서 가 볼 만할 거예요.

1)	귤이 달다	크기는 작아도 먹다
2)	강의가 재미있다	인터넷으로 듣다
3)	이 공연은 신나다	친구들과 보다
4)	고속버스는 좌석이 넓다	오래 걸려도 타다
5)	비빔국수는 요리법이 간단하다	만들어 보다

연습 2 알맞은 것을 골라 대화를 완성하십시오.

받다 입다 찍다 고장 나다

1) 어디에서 사진을 찍을까요?

여기는 ______(으)ㄴ 곳이 없는데 저쪽으로 가 볼까요?

2) 오늘 명동에 왜 가?

면접 때 ______(으)ㄴ 옷이 없어서 사러 가려고.

3) 나츠미가 이번에 1등을 해서 장학금을 받았대요.

나츠미가 정말 열심히 노력했잖아요. ______.

4) 에어컨이 고장 난 것 같아요.

20년을 넘게 썼으니 ______ ______. 이번에 새 걸로 바꿔요.

연습 3 알맞은 것을 골라 대화를 완성하십시오.

먹다	받다	보다	✓ 쓰다	사용하다

친구 : 장민, 짐 싸는 거 도와줘서 정말 고마워.

장민 : 아니야. 제일 친한 친구인데 도와주는 게 당연하지. 그런데 이게 전부 버릴 물건이야?
아직은 다 1) 쓸 만해 보이는데.

친구 : 응. 한국에서 생활하면서 이것저것 샀는데 이제 필요 없어서. 혹시 너 노트북 필요해?
좋은 건 아닌데 버리기는 아까워서.

장민 : 정말? 안 그래도 발표할 때 사용할 노트북이 필요했는데.

친구 : 응. 오래됐지만 2)__________(으)ㄹ 거야. 아, 그리고 텔레비전도 가져가.
조금 작기는 하지만 3)__________.

장민 : 그런데 이렇게 많이 받아도 돼?

친구 : 그럼. 내가 힘들 때마다 네가 얼마나 힘이 됐는데. 넌 충분히 4)__________.
어, 벌써 2시네. 점심 안 먹었지? 집에 5)__________(으)ㄴ 게 없는데 어떡하지?

장민 : 나는 괜찮아. 빨리 정리하고 맛있는 거 먹으러 가자. 이렇게 많이 받았는데 내가 맛있는 거 살게.

연습 4 대화를 완성하십시오.

1) 가: 이번 연휴에 친구랑 여행을 가려고 하는데 어디가 좋을까요?
나: 전주 한옥마을에 한번 가 보세요. 한국의 전통을 느낄 수 있어서 __________.

2) 가: 이 집 어때요? 조금 좁지만 혼자 __________.
나: 네. 학교도 가깝고 괜찮을 거 같아요. 계약할게요.

3) 가: 방학 때 내가 __________?
나: 아르바이트하려고? 방학 때 고향에 다녀온다고 했잖아.

4) 가: 선생님께서 장민 칭찬을 많이 하시더라.
나: __________. 공부도 열심히 하고 친구들도 잘 도와주잖아.

5) 가: 오래 걸어서 다리가 너무 아파. 어디 __________?
나: 어, 저기 벤치 있다. 저기에서 잠깐 쉬자.

활동

보기 와 같이 친구와 이야기해 보십시오.

상황 친구가 빨리 식사를 하고 수업에 들어가야 한다.

추천 음식	추천 이유
김밥과 우동	가격도 싸고 맛도 괜찮다.

보기

가: 수업 시간이 얼마 안 남았는데 간단히 먹을 만한 음식 없을까?

나: 시간이 얼마나 있는데?

가: 30분밖에 안 남았어.

나: 그럼 학생 식당에서 김밥이랑 우동 먹는 건 어때? 가격도 싸고 먹을 만하더라고.

1. 친구가 부모님과 한국 공연을 보고 싶어 한다.

추천 공연	추천 이유
난타	대사가 없어서 이해하기 쉽다.

2. 친구가 취미로 악기를 배우고 싶어 한다.

추천 악기	추천 이유
기타	악기 가격이 싸고 어렵지 않다.

35 동사 (으)ㄹ 테니(까)

35-1

준서　장민 씨, 우리 이제 비행기표와 숙소만 알아보면 되겠네요.

장민　제 친구 중에 방콕에 살고 있는 친구가 있는데 숙소를 추천해 달라고 할까요?

준서　좋아요. 그럼 제가 비행기표를 **찾아볼 테니까** 장민 씨는 숙소를 알아봐 주세요.

'동작동사 (으)ㄹ 테니(까)'는 앞에 나오는 화자의 의지를 근거로 해서 청자에게 뒤의 내용을 요청하거나 제안할 때 사용한다.

- 가: 두 명이 먹을 건데 너무 많이 시키는 거 아니야?
  나: 내가 많이 **먹을 테니까** 그냥 시키자. 아침부터 아무것도 못 먹었거든.
- 가: 내일까지 과제를 제출해야 하는데 컴퓨터가 고장 났어.
  나: 내가 컴퓨터를 **빌려줄 테니** 내 걸로 해.
- 내가 컵을 **닦을 테니까** 너는 쓰레기를 정리해 줄래?
- 제가 자료를 **정리할 테니까** 흐엉 씨가 발표를 하는 게 어때요?

'동사 (으)ㄹ 테니(까)'는 앞에 있는 화자의 추측을 근거로 해서 청자에게 뒤의 내용을 요청하거나 제안할 때 사용한다.

- 가: 우리 다음 주에 얼굴 한번 볼까?
  나: 다음 주는 시험 때문에 **바쁠 테니까** 이번 주에 보자.
- 시간이 늦어서 사무실 직원이 다 **퇴근했을 테니까** 내일 가 보세요.

연습 1 보기 와 같이 다음을 연결하십시오.

보기 | 오늘은 제가 계산하다 | 다음에는 이반 씨가 사 주세요.
- 오늘은 제가 계산할 테니까 다음에는 이반 씨가 사 주세요.

1)	제가 커피를 주문하다	타냐 씨가 앉을 자리를 찾아보세요.
2)	내가 마트에서 사다 주다	필요한 물건이 있으면 말해.
3)	내가 영화표를 예매하다	같이 영화 보러 갈래?
4)	제가 필요한 자료를 찾다	상진 씨가 자료를 복사해 주세요.
5)	예약하신 자리로 안내해 드리다	이쪽으로 오십시오.

연습 2 알맞은 말을 골라 대화를 완성하십시오.

끝나다 맛있다 어렵다 좋아하다 읽을 수 있다

1) 가: 이 책은 저한테 좀 어려울 것 같아요.
   나: 이 정도는 ______________________ 한번 도전해 보세요.

2) 가: 나츠미 씨가 이 가수 CD를 좋아할까요?
   나: 틀림없이 ______________________ 걱정하지 마세요.

3) 가: 처음 만들어 본 김밥인데 맛이 없으면 어떡하지?
   나: 분명히 ______________________ 걱정하지 마.

4) 가: 기타를 배우고 싶은데 어렵겠죠?
   나: 그렇게 ______________________ 한번 배워 보세요.

5) 가: 장민이 왜 이렇게 안 오지? 수업 끝났는지 전화해 볼까?
   나: 벌써 ______________________ 좀 더 기다려 보자.

연습 3 보기 와 같이 친구와 이야기해 보십시오.

보기

우산을 안 가지고 왔는데 비가 오네요.

제가 빌려줄 테니까 이걸 쓰고 가세요.

1) 죄송하지만 제가 잘 못 들었는데 다시 한번 말씀해 주세요.

2) 배가 고픈데 근처에 먹을 만한 식당이 있을까?

3) 지갑을 식당에 두고 온 것 같아요.

4) 내일부터 중간고사인데 시험을 잘 못 볼 것 같아서 걱정이야.

활동 보기 와 같이 친구와 이야기해 보십시오.

상황 룸메이트와 함께 우리 집에서 파티를 했다. 파티는 무척 즐거웠지만 해야 할 일이 많이 남아 있다.

치울 장소 ☑ 거실 ☐ 부엌

해야 할 일

- 청소기를 돌린다.
- 테이블을 정리한다.

예상되는 내용

- 옆집 사람이 안 좋아할 것 같다.
- 테이블에 음식물이 남아 있을 것 같다.

보기

가: 파티는 재미있었는데 치울 게 많네.
나: 응. 피곤하니까 빨리 치우고 자자.
가: 그래. 우선 거실부터 치울까?
나: 좋아. 내가 청소기를 돌릴 테니까 너는 테이블을 정리해 줄래?
가: 지금 청소기를 돌리면 옆집 사람이 안 좋아할 테니까 청소기는 내일 돌리는 건 어때?

치울 장소 ☐ 거실 ☑ 부엌

해야 할 일

- 음식물 쓰레기를 버린다.
- 설거지를 한다.

예상되는 내용

- 쓰레기가 많아서 무거울 것 같다.
- 씻을 그릇이 많아서 힘들 것 같다.

36 동작동사 (으)나 마나

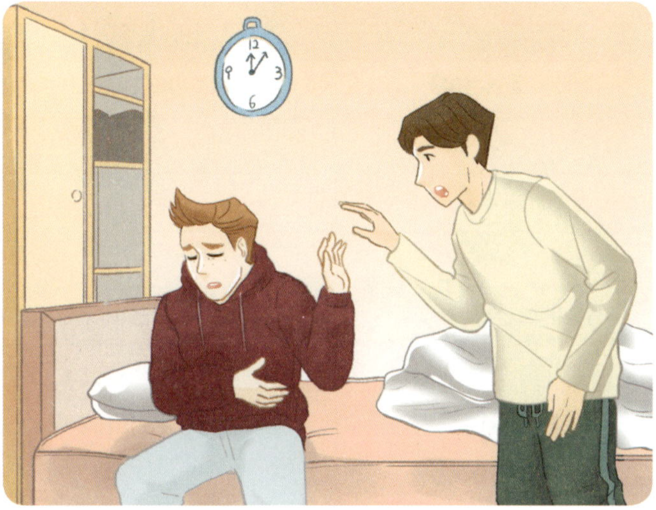

36-1

장민　이반 씨, 왜 아직까지 안 자고 있어요?

이반　속이 안 좋아서 잠이 안 오네요.

장민　체한 거 아니에요? 제가 약국에 가서 약을 좀 사 올까요?

이반　지금 시간이 늦어서 **가나 마나** 못 살 거예요. 아까보다는 괜찮아졌으니까 너무 걱정하지 마세요.

'동작동사 (으)나 마나'는 어떤 동작을 하거나 하지 않거나 결과가 다름이 없음을 나타낼 때 사용한다. 앞의 동작과 상관없이 뒤의 결과를 확실하게 추측할 수 있을 때 쓴다. 상태동사 '있다'와 함께 사용할 수 있다.

- 가: 사진이 잘 안 나왔네요. 다시 찍을까요?
  나: 여기는 어두워서 다시 **찍으나 마나** 제대로 안 나올 거예요.

- 가: 손님, 이 신발 한번 신어 보세요.
  나: 이건 **신어 보나 마나** 작아서 안 들어갈 것 같아요. 더 큰 사이즈 없어요?

- 가: 준서 씨한테도 주말에 같이 노래방에 가자고 할까요?
  나: 준서 씨는 아르바이트를 하니까 **보나 마나** 못 간다고 할 거예요.

- 어제는 비도 많이 오고 바람도 강하게 불어서 우산을 **쓰나 마나였어요.**
- 집에서 운동하려고 자전거를 샀는데 거의 타지 않아서 **있으나 마나예요.**

연습 1 보기 와 같이 다음을 연결하십시오.

보기 휴일이다 / 영화관에 가 보다 / 표가 없다

→ 휴일이라서 영화관에 가 보나 마나 표가 없을 거예요.

1)	졸업 여행이다	친구에게 물어보다	반드시 간다고 하다
2)	키도 크고 날씬하다	입어 보다	잘 어울리다
3)	그 사람은 만나면 같은 말만 하다	이번에도 듣다	똑같은 내용이다
4)	접수 기간이 지나다	서류를 보내다	소용이 없다

연습 2 보기 와 같이 문장을 완성하십시오.

보기

이미 버스가 출발했기 때문에 지금 뛰어가나 마나예요.

1)

그 행사는 매년 똑같기 때문에 ____________________.

2)

아무리 운동을 열심히 해도 야식을 먹으면 ____________________.

3)

휴대폰에 기능이 많지만 잘 사용하지 않아서 ____________________.

4)

이렇게 비가 많이 오면 우산을 ____________________.

연습 3 대화를 완성하십시오.

1) 가: 아직 안경 못 찾았어요? 교실에 가서 같이 찾아볼래요?

나: 아까 다 확인해 봤어요. 다시 ______________________ 없을 거예요.

2) 가: 루카스는 오늘도 늦네. 전화해 보는 게 어때?

나: 루카스는 항상 10분씩 늦으니까 ______________________ 지금 오고 있을 거야.

3) 가: 이번 주말에 지아 씨한테 한국어 공부를 도와 달라고 부탁해 볼까요?

나: 지아 씨도 다음 주에 중간고사가 있어서 ______________________ 어렵다고 할 거예요.

4) 가: 다음 주에 동생이 한국에 오면 같이 불고기를 먹으려고 하는데 괜찮을까요?

나: 불고기를 싫어하는 사람은 거의 없으니까 동생도 ______________________ 좋아할 거예요.

활동

보기 와 같이 친구와 이야기해 보십시오.

상황 글쓰기 특강을 들으러 가는 친구에게 다음 주에 가라고 한다.

다음 주에 가라고 하는 이유	추측하는 내용
특강이 인기가 많다.	빈자리가 없다.

보기

가: 나츠미, 어디 가?

나: 글쓰기 특강을 한다고 해서 들으러 가려고.

가: 특강이 인기가 많아서 가 보나 마나 빈자리가 없을 거야. 매주 하니까 다음 주에 가는 게 어때?

나: 정말? 다음 주에는 일찍 가야겠다.

1 백화점에 쇼핑하러 가려는 친구에게 다음에 가라고 한다.

다음에 가라고 하는 이유	추측하는 내용
세일 마지막 날이다.	물건이 별로 없다.

2 해외 배송으로 생일 선물을 주문하려는 친구에게 다른 곳에서 사라고 한다.

다른 곳에서 사라고 하는 이유	추측하는 내용
해외 배송은 오래 걸린다.	생일 전에 받을 수 없다.

37 명사 에 비해(서)

37-1

지아 흐엉 씨, 다음 주에 면접 본다면서요?

흐엉 네. 그런데 면접 때 입을 옷이 없어서 걱정이에요.

지아 아, 그래요? 그럼 동대문 시장에 한번 가 보세요. 동대문 시장 옷이 **가격에 비해서** 품질이 좋거든요.

'명사 에 비해(서)'는 앞에 오는 말이 기준이나 비교 대상이 되어 뒤의 내용이 어떠함을 나타낼 때 사용한다.

- 가: 머리 잘랐네요? 머리를 자르니까 **나이에 비해** 어려 보여요.
  나: 정말요? 그럼 이제부터 이렇게 하고 다녀야겠네요.

- 가: 장민 씨, 농구하다가 다친 데는 괜찮아요?
  나: 네. **지난주에 비해** 많이 좋아졌어요.

- 지아는 **먹는 것에 비해서** 살이 찌지 않는 것 같아요.
- 동해안 해수욕장이 **예년에 비해** 일주일 늦게 개장한다고 합니다.

연습 1 보기 와 같이 다음을 연결하십시오.

보기

한국	스웨덴	인구가 많다

➔ 한국은 스웨덴에 비해 인구가 많아요.

1)	이번 시험	지난 시험	점수가 낮다
2)	A사	B사	월급이 많다
3)	올해 여름	작년 여름	기온이 높다
4)	편의점	마트	우윳값이 비싸다

연습 2 그림을 보고 보기 와 같이 이야기해 보십시오.

보기

집 크기에 비해 월세가 싸요

1)

2)

3) 

4) 

연습 3 대화를 완성하십시오.

1) 가: 원룸으로 이사하니까 어때요?
   나: 좋은 점이 많은 것 같아요. 기숙사는 ______________________________.

2) 가: 어제 본 영화는 어땠어요? 1편처럼 재미있었어요?
   나: 아니요. ______________________________.

3) 가: 아이가 열 살인데 키가 크네요.
   나: 잘 먹어서 그런지 ______________________________.

4) 가: 새로 산 휴대폰은 어때요?
   나: 신제품이라 기대했는데 ______________________________.

활동 도표를 보고 조사 결과를 이야기해 보십시오.

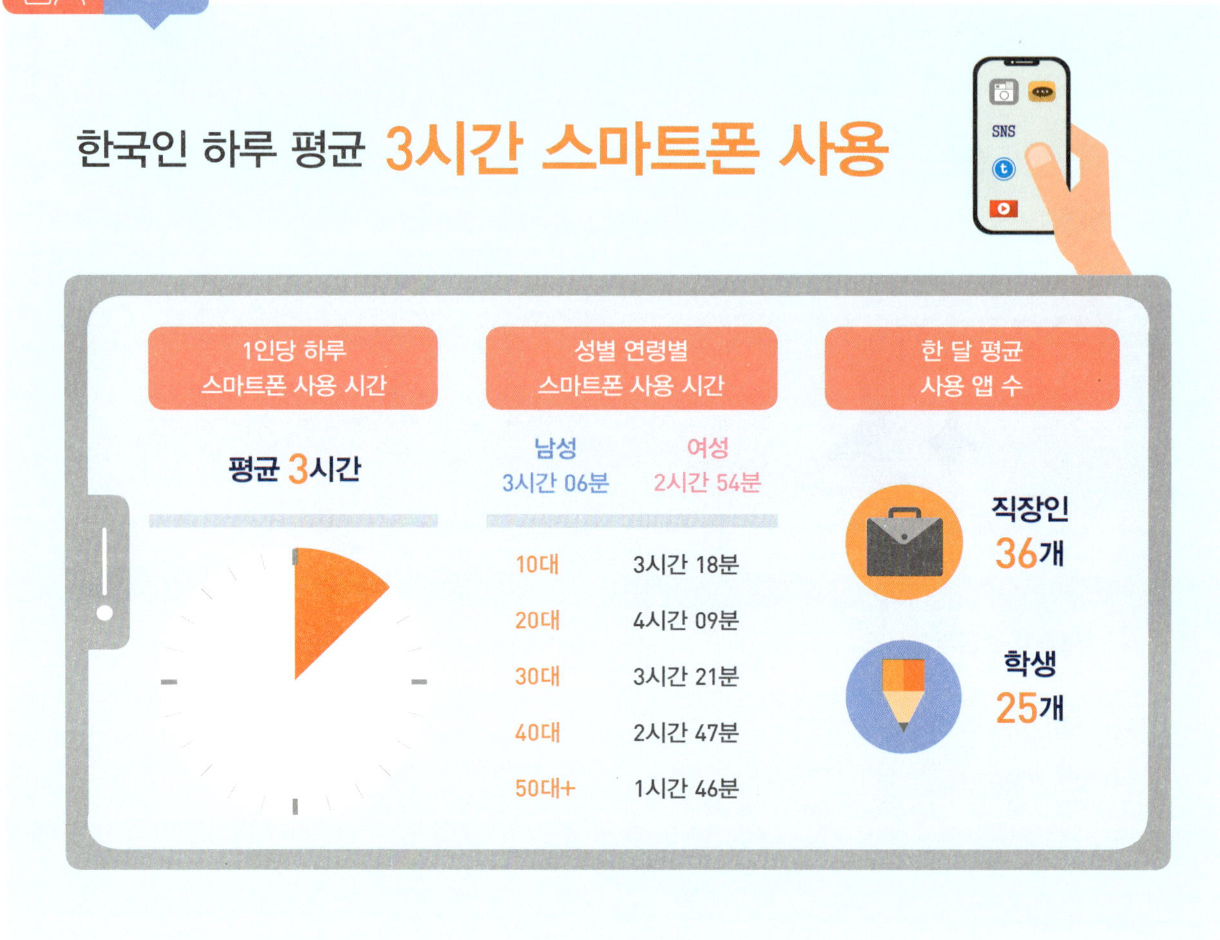

한국인의 스마트폰 사용 시간은 하루 평균 3시간인 것으로 나타났습니다. 여성의 스마트폰 사용 시간은 ……………………

……………………………………………………………………………………

……………………………………………………………………………………

또한 ……………………………………………………………………………

……………………………………………………………………………………

38 동작동사 는 바람에

38-1

장민 많이 기다렸지? 늦어서 미안해.

나츠미 왜 이렇게 늦었어?

장민 앞에서 교통사고가 **나는 바람에** 길이 막혔어.

'동작동사 는 바람에'는 갑자기 일어난 일이나 예상하지 못한 일 때문에 결과가 생길 때 사용한다.

- 가: 어쩌다가 책이 다 젖었어?
  나: 책상 위에 커피를 **쏟는 바람에** 책이 다 젖었어.

- 가: 김 대리님, 아침부터 힘들어 보이네요.
  나: 엘리베이터가 고장 **나는 바람에** 10층까지 걸어서 올라왔거든요.

- 갑자기 컴퓨터가 **꺼지는 바람에** 작성하던 보고서가 날아갔어요.

- 운동을 하다가 허리를 **다치는 바람에** 병원에서 치료를 받았어요.

연습 1 보기 와 같이 다음을 연결하십시오.

보기

길이 막히다 — 약속 시간에 늦다

➔ 길이 막히는 바람에 약속 시간에 늦었어요.

1)	지하철 막차가 끊기다	택시를 타고 집에 가다
2)	갑자기 폭우가 내리다	야외 콘서트가 취소되다
3)	지갑을 집에 놓고 오다	친구에게 돈을 빌리다
4)	버스에서 깜빡 졸다	두 정거장이나 지나서 내리다
5)	회의가 갑자기 취소되다	오후에 시간이 생기다

연습 2 보기 와 같이 문장을 완성하십시오.

보기

점심을 급하게 먹는 바람에 체해서 병원에 갔어요.

1)

여권을 잃어버리는 바람에 ______________________.

2)

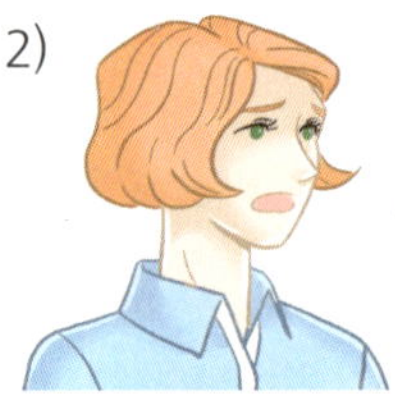

아침에 물이 안 나오는 바람에 ______________________.

3)

지하철이 갑자기 멈추는 바람에 ______________________.

4)

배를 탔는데 멀미가 나는 바람에 ______________________.

연습 3 대화를 완성하십시오.

1) 가: 왜 이렇게 옷이 다 젖었어요?
   나: ______________________ 우산이 뒤집혀서 비를 다 맞았거든요.

2) 가: 어디 다쳤어? 걷는 게 불편해 보이네.
   나: 응. ______________________ 발목을 다쳤어.

3) 가: 많이 피곤해 보이는데 무슨 일 있어요?
   나: ______________________ 잠을 제대로 못 자서 그래요.

4) 가: 나츠미, 친구랑 같이 산다고 하지 않았어?
   나: 같이 살았는데 친구가 갑자기 ______________________ 혼자 살게 됐어.

활동 그림을 보고 이야기해 보십시오.

오늘은 최악의 하루였어요. 어젯밤에 게임을 하느라고 두 시간밖에 못 잤어요. 그래서 아침에 알람을 못 들었어요. 급하게 준비를 하고 나왔는데 바로 앞에서 버스를 놓쳤어요. 버스를 놓치는 바람에 수업 시간에 지각을 했어요.

....

....

....

39 동사 (으)ㄴ/는 만큼, 명사 만큼

39-1

직원　여보세요. 경복궁 관광 안내 센터입니다.
무엇을 도와드릴까요?

이반　거기 혹시 러시아어 관광 안내서도 있나요?
다섯 부쯤 필요한데요.

직원　네. 여기에 준비되어 있으니까 오셔서
필요한 만큼 가지고 가시면 됩니다.

'동사 (으)ㄴ/는 만큼'은 뒤의 내용이 앞의 내용과 비슷한 정도나 수량임을 나타낼 때 사용한다.
명사와 함께 쓸 때는 '명사 만큼'으로 사용한다.

- 가: 휴대 전화를 빌리려고 하는데 데이터 요금은 어떻게 돼요?
  나: 데이터를 **사용하는 만큼** 내시면 됩니다.

- 가: 손님, 이 제품은 어떠세요? 가격이 **비싼 만큼** 품질이 좋거든요.
  나: 아, 그래요? 디자인도 예쁘네요.

- 그동안 열심히 **공부한 만큼** 좋은 성적을 받을 수 있을 거야.

- **명동만큼** 동대문도 외국인들이 많이 찾는 장소입니다.

연습 1 보기 와 같이 다음을 연결하십시오.

보기 | 노력하다 | 성공할 수 있다

→ 노력하는 만큼 성공할 수 있어요.

1)	누구나 주다	받기를 원하다
2)	열심히 준비하다	결과가 좋을 것이다
3)	무대 경험이 많다	실수가 적다
4)	일이 힘들었다	보람을 느꼈다
5)	제가 도움을 받았다	다른 사람을 돕고 싶다

연습 2 그림을 보고 보기 와 같이 이야기해 보십시오.

보기

→ 김밥만큼 떡볶이도 자주 먹어요.

1)

2)

3)

4)

연습 3 대화를 완성하십시오.

1) 가: 월급은 얼마나 받고 싶어?

나: 글쎄. 많이 받으면 좋겠지만 ____________________ 받으면 괜찮을 것 같아.

2) 가: 오늘 학교에서 안 좋은 일 있었어?

나: 발표 연습을 정말 열심히 했는데 긴장해서 ____________________ 잘하지 못해서 속상해.

3) 가: 엄마, 밥이 너무 많은데 남겨도 되죠?

나: 그래. ____________________ 먹고 남겨 놔.

4) 가: 나츠미는 글씨를 정말 예쁘게 쓰는 것 같아.

나: 맞아. ____________________ 글씨를 잘 쓰는 사람을 나도 아직 본 적이 없어.

5) 가: 저 식당이 그렇게 유명하다면서요? 손님이 많은 걸 보니까 맛있나 봐요.

나: 네. 저도 한번 가 봤는데 ____________________ 진짜 맛있더라고요.

활동 보기 와 같이 친구와 이야기해 보십시오.

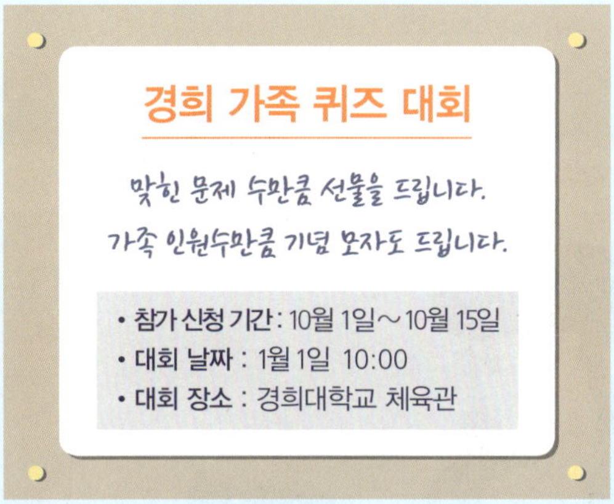

보기

가: 엄마, 이번 명절 연휴 때 '가족 퀴즈 대회'를 한다고 하는데 우리도 한번 나가 볼까요?

나: 그래? 상품도 있대?

가: 네. 문제를 풀어서 맞은 개수만큼 선물을 준대요. 그리고 가족 인원수만큼 기념 모자도 주고요.

나: 그래! 그럼 우리 가족도 한번 도전해 볼까?

1

2

40 동작동사 (으)려다(가)

40-1

나츠미 장민, 어머니 생신 선물은 잘 골랐어?

장민 응, 스카프를 샀어.

나츠미 옷을 사 드리고 싶다고 하지 않았어?

장민 옷을 **사려다가** 엄마 사이즈를 잘 몰라서 스카프를 샀어.

'동작동사 (으)려다(가)'는 어떤 동작을 할 의도를 가지고 있었는데 그 동작을 안 하거나 다른 동작을 할 때 사용한다.

- 가: 어제 외식은 잘 하고 왔어?
  나: 아니. 나가서 **먹으려다가** 귀찮아서 그냥 집에서 먹었어.

- 가: 어제 동아리 모임에는 왜 안 왔어요?
  나: **참석하려다가** 감기 기운이 있어서 집에서 그냥 쉬었어요.

- 이웃집 사람이 너무 시끄럽게 떠들어서 경찰에 **신고하려다** 말았어요.

어떤 행동을 하려고 하는데 처음 의도와 다른 결과가 일어났을 때도 사용한다.

- 가: 어쩌다가 손을 다쳤어요?
  나: 커피를 **타려다가** 끓는 물에 손을 데었어요.

- 버스에서 급하게 **내리려다가** 넘어졌어요.

연습 1 보기 와 같이 다음을 연결하십시오.

보기	산책을 나가다	비가 올 것 같아서 가지 않다

→ 산책을 나가려다가 비가 올 것 같아서 가지 않았어요.

1)	버스를 타다	길이 막힐 것 같아서 지하철을 타다
2)	메일을 보내다	직접 보고 말하고 싶어서 찾아오다
3)	영화를 보러 가다	갑자기 일이 생겨서 못 가다
4)	인터넷으로 주문하다	그냥 마트에 가서 사다
5)	커피를 한 잔 더 마시다	밤에 잠을 못 잘 것 같아서 참다

연습 2 알맞은 것을 골라 대화를 완성하십시오.

잡다　　찍다　　훔치다　　도망가다

1) 가: 어떻게 하다가 휴대폰이 물에 빠졌어?
   나: 사진을 ______________ 휴대폰이 손에서 미끄러져서 물에 빠졌어.

2) 가: 경찰차가 건물 앞에 서 있네요. 무슨 일 때문인지 알아요?
   나: 204호에서 도둑이 물건을 ______________ 잡혔대요.

3) 가: 어제 선생님께 왜 꾸중을 들었어요?
   나: 친구들이랑 수업 시간에 ______________ 학교 앞에서 선생님한테 딱 걸렸어요.

4) 가: 이정우 선수가 상대 팀이 던진 공을 ______________ 넘어져서 다쳤다면서?
   나: 응. 그래서 다음 경기에 못 나간다고 하더라고.

연습 3 보기 와 같이 친구와 이야기해 보십시오.

보기

흐엉, 계란말이가 왜 이렇게 달아?

어머, 그래? 소금을 넣으려다가 실수로 설탕을 넣었나 봐.

1) 이사 준비는 다 했어요?

2) 추석 연휴 때 고향에는 잘 갔다 왔어요?

3) 왜 집에 있어? 저녁에 친구들이랑 노래방에 간다고 하지 않았니?

4) 어쩌다가 다리를 다쳤어요?

활동 보기 와 같이 친구와 이야기해 보십시오.

상황 나츠미와 영화를 보러 가기로 했지만 보지 않았다.

원래 계획	계획을 변경한 이유	계획을 변경하고 한 다른 행동
나츠미와 영화를 보기로 했다.	머리가 아팠다.	집에 일찍 들어가서 쉬었다.

보기

가: 어제 영화는 재미있게 봤어?

나: 아니. 어제 영화 못 봤어.

가: 왜? 무슨 일 있었어? 나츠미랑 영화 보러 가기로 했잖아.

나: 영화를 보러 가려다가 머리가 아파서 집에 일찍 들어가서 쉬었어.

1 룸메이트와 한강에서 자전거를 타기로 했지만 타지 않았다.

원래 계획	계획을 변경한 이유	계획을 변경하고 한 다른 행동
룸메이트와 한강에서 자전거를 타기로 했다.	날씨가 너무 추웠다.	공연을 관람했다.

2 반 친구와 발표 준비를 하기로 했지만 하지 않았다.

원래 계획	계획을 변경한 이유	계획을 변경하고 한 다른 행동
반 친구와 발표 준비를 하기로 했다.		

41 동사 기는(요)

41-1

레아 나츠미, 뭐 찾고 있어?

나츠미 응, 청소기 한 대 사려고 알아보고 있어. 이거 괜찮아 보이는데 어떨까?

레아 우와, 좋은데! 어? 그런데 가격이 좀 비싼 거 아니야?

나츠미 **비싸기는**. 이 정도면 정말 싼 거야.

'동사 기는(요)'는 상대방의 의견에 동의하지 않을 때 사용한다. 칭찬에 대한 겸손한 대답으로도 쓸 수 있다.

- 가: 이번 달에는 생활비가 좀 남았어요?
  나: **남기는요**. 돈 쓸 곳이 많아서 벌써 다 썼어요.

- 가: 두 사람은 별로 안 싸울 것 같아. 성격이 비슷하잖아.
  나: **비슷하긴**. 같이 지내 보니까 안 맞는 부분도 많더라고.

- 가: 춤을 정말 잘 추네요.
  나: 잘 **추기는요**. 우리 동아리에 잘 추는 사람이 얼마나 많은데요.

* '동사 기는(요)'는 '동사 긴(요)'로 줄여서 쓸 수 있다.

연습 1 보기 와 같이 대화를 완성하십시오.

보기	가: 여기가 제 방인데 좀 좁죠? 나: 좁기는요. 혼자 지내기 괜찮겠는데요.

1) 가: 국이 좀 싱거운 것 같지 않아?

   나: ______________________. 나는 딱 좋은데.

2) 가: 영화 마지막 부분은 좀 지루했지?

   나: ______________________. 나는 끝까지 재미있게 봤어.

3) 가: 세탁기 산 지 10년이 됐다고요? 그럼 곧 바꿔야겠네요.

   나: ______________________. 아직 쓸 만해요.

4) 가: 중간시험은 잘 봤지?

   나: ______________________. 시간이 부족해서 못 푼 문제도 있어.

5) 가: 김치는 매워서 잘 안 먹죠?

   나: ______________________. 저는 이제 김치 없이 밥을 못 먹겠는데요.

연습 2 보기 와 같이 대화를 완성하십시오.

> **보기** 가: 지아 씨는 정말 꼼꼼한 것 같아요.
> 나: <u>꼼꼼하긴요</u>. 실수할 때도 많아요.

1) 가: 노래를 그렇게 잘 부른다면서요?
   나: ____________________. 잘 못 불러요.

2) 가: 이반, 테니스를 정말 잘 치네.
   나: ____________________. 장민이 나보다 훨씬 잘 치잖아.

3) 가: 우와, 이 사람이 여동생이에요? 정말 예쁘네요.
   나: ____________________. 그냥 평범하게 생겼어요.

4) 가: 발음이 정말 자연스럽네요.
   나: ____________________. 연습은 많이 하는데 아직 부족해요.

5) 가: 이사하는 거 도와줘서 정말 고마워.
   나: ____________________. 친구가 고생하는데 당연히 도와줘야지.

연습 3 보기 와 같이 친구와 이야기해 보십시오.

보기

감기 다 나았어?

낫기는.
어제보다 더 심해진 것 같아.

1) 주말에는 좀 쉬었어요?

2) 이거 우리 현지학습 가서 찍은 사진인데 잘 나왔지?

3) 이걸 직접 만들었어요? 요리를 정말 잘하시네요.

4) 한나야, 넌 피부가 참 좋은 것 같아.

활동 다음 중 하나를 골라 **보기** 와 같이 친구와 이야기해 보십시오.

주제

- [ ] 한국어
- [x] 지금 사는 곳
- [ ] 지금 사용하고 있는 물건(가방, 휴대폰 등)
- [ ] 요즘 생활
- [ ] 요즘 날씨

보기

가: 나츠미 씨는 지금 어디에 살아요?

나: 기숙사에 살고 있어요.

가: 그럼 기숙사에 사니까 생활비가 적게 들겠네요?

나: 적게 들기는요. 기숙사에서는 요리를 할 수 없으니까 식비가 많이 들어요.

42 명사 (이)라도

42-1

첸　요즘 일 때문에 바빠서 그런지 많이 피곤하네요.

타냐　바빠도 건강은 신경 쓰세요. 운동은 좀 하세요?

첸　저도 하고 싶은데 운동하러 다닐 시간이 없어요.

타냐　그럼 집 근처에서 가벼운 **조깅이라도** 해 보세요.

'명사 (이)라도'는 앞에 나오는 것이 아주 만족스러운 것은 아니지만 괜찮음을 나타낼 때 사용한다.

- 가: 장민, 오늘 점심은 같이 못 먹을 것 같아. 아침부터 소화가 잘 안되네.
  나: 많이 안 좋아? 내가 **약이라도** 사다 줄까?

- 가: 김 대리는 거래처에 나갔다가 아직 안 들어왔나요?
  나: 일이 아직 안 끝났나 봅니다. 제가 **전화라도** 해 보겠습니다.

- 명절 때 기차표가 없으면 **버스로라도** 고향에 가려고 해요.

'누구, 무엇, 어디, 언제' 등의 말에 붙어 어떤 것도 괜찮거나 상관없음을 나타낼 때도 사용한다.

- 가: 토론 동아리에 가입하고 싶어서 왔는데요. 저도 가입할 수 있나요?
  나: 네. 경희대 학생이라면 **누구라도** 지원할 수 있어요.

- 보고 싶을 때 **언제라도** 연락할 수 있는 친구가 있었으면 좋겠다.

연습 1 알맞은 것을 골라 대화를 완성하십시오.

문자	실내	커피	선풍기

1) 가: 잠을 잘 못 자서 그런지 계속 하품만 나오네.
   나: 그럼 잠깐 쉬어. 아니면 ______________ 마실래?

2) 가: 오늘 에어컨을 고치러 왔는데 수리하려면 며칠 걸린대.
   나: 날도 더운데 어떡하지? 우리 ______________ 한 대 살까?

3) 가: 감독님, 비가 너무 많이 와서 밖에서 연습 못 할 것 같은데요.
   나: 그럼, 선수들한테 쉬지 말고 ______________ 연습하라고 해.

4) 가: 김 대리님, 회의 장소가 결정되면 바로 말씀드릴게요.
   나: 네. 혹시 제가 자리에 없으면 ______________ 결과를 알려 주세요.

연습 2 알맞은 것을 골라 문장을 완성하십시오.

누구	어디	언제	무슨 말

1) 

그 음식을 맛본 사람이라면 ______________.

2) 

왜 그렇게 아무 말도 없어? ______________.

3) 

시간은 상관없으니까 부탁할 일이 있으면 ______________.

4) 

사랑하는 사람이 있는 곳이라면 ______________.

연습 3 보기 와 같이 친구와 이야기해 보십시오.

보기

엄마, 밥 먹고 가면
학교에 지각할 것 같아요.
그냥 갈게요.

그러지 말고 우유라도
한잔 마시고 가.

1) 나츠미, 배고프지 않아?

2) 이번 주말에 같이 영화 못
볼 것 같아요. 갑자기 일이
생겼거든요.

3) 오랜만에 보는데 여기서 그냥
헤어지긴 좀 아쉽네요.

4) 부산에 가는 기차표를 사려고
했는데 표가 없더라고.

활동

보기 와 같이 친구와 이야기해 보십시오.

상황 야외에서 웨딩 촬영을 하기로 했는데 그날 태풍이 온다고 한다.

예정	변경
한강에서 웨딩 촬영을 하기로 했다.	촬영 장소를 실내 스튜디오로 변경했다.

보기

가: 은수야, 한강에서 웨딩 촬영을 하기로 한 날 태풍이 온다고 하네.

나: 정말이야? 어떡해.

가: 스튜디오에 전화해서 촬영 취소한다고 말할까?

나: 안 돼. 다른 일정 다 미루고 그날로 약속을 잡았는데.

가: 그럼, 그날 실내 스튜디오에서라도 사진 찍을래?

나: 그렇게 해야겠네. 다른 방법이 없잖아.

1 여행 숙소를 호텔로 하기로 했는데 인터넷으로 확인해 보니까 예약이 모두 끝났다.

예정	변경
친구와 여행을 가서 호텔에서 지내기로 했다.	숙소를 민박으로 변경했다.

2 친구와 뮤지컬을 보기로 했는데 예매하려고 보니까 표가 다 매진되었다.

예정	변경

43 동사 (으)ㄹ 수밖에 없다

43-1

흐엉 장민 씨, 어제 왜 레아 씨 생일 파티에 안 왔어요?

장민 어제 출입국사무소에 가서 비자 연장을 하느라 못 갔어요.

흐엉 아, 그래요?

장민 저도 정말 가고 싶었는데 어제 비자 연장 예약을 해 놓아서 출입국사무소에 **갈 수밖에 없었어요.**

'동사 (으)ㄹ 수밖에 없다'는 다른 방법이 없거나 당연한 결과임을 나타낼 때 사용한다.

- 가: 장민한테 그 이야기 왜 했어? 말하지 말라고 했잖아.
  나: 장민이 계속 물어봐서 **말할 수밖에 없었어.**

- 가: 오늘 정말 춥네.
  나: 그렇게 옷을 얇게 입고 왔으니까 **추울 수밖에 없지.**

- 외국어를 처음 배울 때는 **어려울 수밖에 없다.**
- 공사 때문에 출입문을 **막을 수밖에 없었습니다.**

연습 1 보기 와 같이 다음을 연결하십시오.

보기 막차가 끊기다 — 택시를 타다

→ 막차가 끊겨서 택시를 탈 수밖에 없어요.

1)	다리를 다치다	운동을 그만두다
2)	급한 일이 생기다	예약을 취소하다
3)	꼭 필요한 물건이다	비싸도 사다
4)	빨아 놓은 옷이 없다	어제 입은 옷을 다시 입다
5)	장민은 항상 친절하다	사람들이 좋아하다

연습 2 알맞은 것을 골라 문장을 완성하십시오.

미루다 옮기다 긴장하다 떨어지다

1) 교통사고가 나서 약속을 ______________________.

2) 중요한 시험을 보기 전에는 ______________________.

3) 잠을 제대로 못 자면 집중력이 ______________________.

4) 갑자기 여행 일정이 변경되어서 숙소를 ______________________.

연습 3 대화를 완성하십시오.

1) 가: 요즘 청 재킷이 유행하나 봐요.

나: 방송에서 많이 나오니까 ______________________.

2) 가: 이 신발이 그렇게 비싸요?

나: 네. 좋은 가죽으로 만들었기 때문에 ______________________.

3) 가: 이 책을 왜 또 샀어요?

나: 책을 잃어버려서 다시 ______________________.

4) 가: 장민 씨랑 루카스 씨는 정말 사이가 좋은 것 같아요.

나: 두 사람의 성격이 잘 맞으니까 ______________________.

활동 보기 와 같이 친구와 이야기해 보십시오.

상황 한국어능력시험을 봐야 한다.

문제 상황	그렇게 해야 하는 이유
한국어능력시험 신청을 늦게 해서 남아 있는 시험 장소가 멀다.	대학 입학을 위해서 이번 시험을 꼭 봐야 한다.

보기

가: 한국어능력시험 신청했어?

나: 응. 그런데 신청을 늦게 해서 시험 보는 장소가 멀어.

가: 대학 입학 신청을 하려면 이번에 시험을 꼭 봐야 한다고 하지 않았어?

나: 맞아. 그래서 시험 장소가 멀어도 이번에 시험을 볼 수밖에 없어.

1 지금 살고 있는 집에서 이사를 가야 한다.

문제 상황	그렇게 해야 하는 이유
곧 계약 기간이 끝나는데 집주인이 월세를 올려 달라고 한다.	월세를 더 내면 생활비가 부족해서 이사를 가야 한다.

2 약속을 취소해야 한다.

문제 상황	그렇게 해야 하는 이유

44 동작동사 느라(고)

44-1

나츠미 장민, 지금 어디야?

장민 어, 지금 동아리 친구들과 만나고 있어.

나츠미 내가 부탁한 책은 빌렸어?

장민 미안해. 친구 **만나느라고** 아직 도서관에 못 갔어.

'동작동사 느라(고)'는 앞의 내용이 뒤에 나오는 부정적인 결과의 이유임을 나타낼 때 사용한다. 주로 동작을 하지 못한 이유일 때 쓴다.

- 가: 오늘 많이 피곤해 보이네.
  나: 소설책을 **읽느라고** 잠을 제대로 못 잤거든.
- 가: 이번 추석 명절 때 고향에는 잘 다녀왔어요?
  나: 아니요. 회사 일로 출장을 **가느라** 고향에 못 갔어요.
- 휴일에 대청소를 **하느라고** 쉬지도 못했어요.

뒤에 '늦다, 바쁘다, 시간이 없다, 힘들다, 정신없다'와 같이 부정적인 결과를 나타내는 동사가 자주 온다.

- 가: 지금 몇 시야? 왜 이렇게 늦었어?
  나: 미안해. 잠깐 집에 갔다 **오느라고** 늦었어.
- 요즘 취직 준비를 **하느라** 바쁘게 지내고 있어.

연습 1 보기 와 같이 다음을 연결하십시오.

보기 숙제를 하다 — 좋아하는 드라마를 못 보다

➔ 숙제를 하느라고 좋아하는 드라마를 못 봤어요.

1)	이삿짐을 옮기다	전화를 못 받다
2)	내일 회의 준비를 하다	퇴근을 못 하고 있다
3)	친구와 이야기를 나누다	부르는 소리를 못 듣다
4)	방학 동안 아르바이트를 하다	여행을 못 가다
5)	발표할 때 필요한 자료를 만들다	저녁을 못 먹다

연습 2 문장을 완성하십시오.

1)

_______________ 수업 시간에 늦었어요.

2)

요즘 _______________ 좀 바빠요.

3)

어제 _______________ 정말 힘들었어요.

4)

그동안 _______________ 정신없었어요.

연습 3 대화를 완성하십시오.

1) 가: 나츠미, 어제 회식 때 왜 안 왔어?

나: 어제 저녁에 ______________________ 못 갔어.

2) 가: 장민 씨, 어디 아파요?

나: 아니요. 어제 ______________________ 밤을 새워서 그래요.

3) 가: 과장님, 출장 다녀오셔서 피곤하셨지요? 주말에는 잘 쉬셨어요?

나: 아니. 주말에 ______________________ 쉬지도 못했어.

4) 가: 한나가 내일 현지학습에 같이 갈 수 있을까?

나: 아마 못 갈 거야. 요즘 오후에 ______________________ 바쁜 것 같아.

연습 4 보기 와 같이 친구와 이야기해 보십시오.

보기

회사에 들어간 지 한 달 됐지? 일은 어때?

아직 처음이라 업무를 배우느라고 정신없어.

1) 내일 시험인데 공부는 많이 했어요?

2) 회의 준비 때문에 바쁘죠? 점심은 먹었어요?

3) 요즘 요가를 배운다면서요? 어제도 갔어요?

4) 한나 씨, 어제 잘 못 잤어요? 좀 피곤해 보이네요.

연습 5 다음 질문에 대답해 보십시오.

1) 어떤 일을 하느라고 시간이 없어서 다른 일을 못 한 적이 있습니까?

- 미술 전시회 준비를 하느라고 시간이 없어서 휴가를 못 간 적이 있어요.

2) 어떤 일을 하느라고 약속 시간에 늦어서 친구에게 미안하다고 한 적이 있습니까?

3) 어떤 일을 하느라고 그 시간에 다른 일을 안 해서 부모님께 혼난 적이 있습니까?

활동 보기 와 같이 친구와 이야기해 보십시오.

상황 연극 동아리에서 곧 공연을 하는데 연습에 참여하지 못했다.

연습을 하러 가지 못한 이유	결심
조별 발표 준비를 했다.	다음 연극 연습 때는 꼭 참여하겠다.

보기

가: 민수야, 지난번 연극 연습 때 왜 안 나왔어?

나: 조별 발표 준비를 하느라고 못 갔어.
빠지면 안 되는데 미안해.

가: 그랬구나. 그래도 공연이 얼마 안 남았으니까 앞으로는
빠지지 말고 꼭 나와. 네가 주인공이잖아.

나: 알겠어. 발표도 끝났으니까 다음 연습 때는 꼭 참여할게.

1 반 친구들과 명동에서 만나기로 했는데 약속 시간에 늦었다.

약속 시간에 늦은 이유	결심
가방을 지하철에 놓고 내려서 찾았다.	다음부터는 미리 연락하겠다.

2 올해 동창회에 가려고 했는데 참석하지 못했다.

동창회에 가지 못한 이유	결심

45 명사 만에

45-1

한나 나츠미, 장민은 좀 어때? 나도 병원에 가 봐야 되는데.

나츠미 다행히 많이 좋아졌대. 어제 퇴원했다고 하더라고.

한나 벌써? 3일 전에 입원한 거 아니야?

나츠미 맞아. 회복이 빨라서 **3일 만에** 퇴원했대.

'명사 만에'는 어떤 일을 시작해서 그 일이 끝나기까지의 기간을 말할 때 사용한다.

- 가: 내가 빌려준 책 벌써 다 읽었어?
  나: 응. 너무 재미있어서 **하루 만에** 다 읽었어.

- 가: 상진 씨가 여자 친구와 헤어졌다면서요?
  나: 네. 성격이 안 맞아서 사귄 지 **한 달 만에** 헤어졌대요.

- 자이튼은 한국어를 공부한 지 **2년 만에** 한국어능력시험 5급에 합격했다.

어떤 일이 일어나고 다시 그 일이 일어나기까지의 기간을 말할 때 사용한다.

- 가: 레아, 정말 오랜만이다. 우리 **얼마 만에** 만나는 거지?
  나: 졸업하고 못 만났으니까 **7년 만에** 보는 거 같은데.

- 폭설이 내린 지 **일주일 만에** 다시 큰 눈이 온다고 합니다.

연습 1 보기 와 같이 다음을 연결하십시오.

보기

여자 친구와 만나다	6개월	결혼을 하다

여자 친구와 만난 지 6개월 만에 결혼을 했다.

1)	옷을 주문하다	열흘	옷이 도착하다
2)	기차표를 팔다	20분	표가 매진되다
3)	대학에 입학하다	5년	졸업을 하다
4)	이삿짐을 정리하다	6시간	정리가 끝나다
5)	아르바이트를 찾다	한 달	마음에 드는 일을 찾다

연습 2 보기 와 같이 문장을 완성하십시오.

보기

12시에 밥을 먹었는데
배가 고프네. 샌드위치라도
먹어야겠어.

뭐? 지금 3시밖에
안 됐는데 또 먹어?

이반은 밥을 먹은 지 3시간 만에 또 음식을 먹으려고 한다.

1) 이번 쓰기 숙제 진짜 어렵더라.

맞아. 나도 1시쯤 시작했는데
숙제 다 하고 시계를 보니까
5시더라고.

장민은 시작한 지 ______________________ 숙제를 마쳤다.

2) 이번에 새로 나온 휴대폰이
마음에 들어서 살까 해요.

휴대폰 또 바꾸려고요?
한 달 전쯤 바꾸지 않았어요?

첸은 휴대폰을 바꾼 지 ______________________ 다시 바꾸려고 한다.

3) 정말 오랜만이다. 작년 여름 학기 마치고 고향에 가지 않았어? 다시 한국어 공부하려고?

응, 이번 여름 학기부터 다시 공부하려고 해.

➡ 자이튼은 ______________________ 한국어를 다시 배우려고 한다.

4) 어제 부산에 눈이 내려서 사람들이 좋아했대요.

저도 뉴스에서 봤어요. 10년 전에 오고 안 왔으니까 좋아할 만하지요.

➡ 부산 시민들은 ______________________ 내린 눈을 보고 기뻐했다.

연습 3 대화를 완성하십시오.

1) 가: 내가 추천해 준 드라마 다 봤어?

나: 응. 재미있어서 ______________________ 다 봤어.

2) 가: 독감 때문에 많이 아팠죠?

나: 네. 많이 아팠어요. 거의 ______________________ 다 나은 거 같아요.

3) 가: 장민, 왜 이렇게 기분이 안 좋아 보여?

나: 배가 고파서 식당에 갔는데 주문한 지 ______________________ 밥이 나오더라고.

4) 가: 고향에 얼마 만에 돌아가는 거예요?

나: 작년 봄에 갔다가 이번 4월에 다시 가는 거니까 거의 ______________________ 돌아가는 것 같아요.

5) 가: 테니스 치러 오랜만에 왔네.

나: 응. 팔을 다쳐서 한 달 동안 못 왔잖아. ______________________ 테니스 치니까 힘들다.

활동 상황에 맞게 친구와 이야기해 보십시오.

상황 10년 만에 같이 공부했던 친구들을 만났다.

가: 나츠미, 정말 오랜만이다. 한국에 언제 왔어?

나: 이틀 전에 왔어.

다: 하나도 안 변했네. 얼마 만에 한국에 왔어?

46 명사 에 따라(서)

46-1

레아 노트북을 좀 보려고 하는데요.

점원 아, 그러세요? 이쪽에서 한번 보시겠어요?

레아 모두 비슷해 보이는데 가격이 다르네요.

점원 네. 특별히 원하시는 기능이 있으세요?
노트북은 **성능에 따라** 가격이 다르거든요.

'명사 에 따라(서)'는 앞에 오는 명사가 뒤에 오는 상황이나 변화의 기준이 될 때 사용한다.
뒤에는 주로 '다르다, 달라지다, 결정되다, 바뀌다, 변하다, 변경되다, 차이가 나다' 등이 온다.

- 가: 이 소포를 미국에 보내려고 하는데요. 요금이 얼마예요?
  나: **무게에 따라서** 요금이 다르니까 저울에 올려놓아 보세요.

- 가: 이번 면접이 정말 중요하다면서요?
  나: 네. 이 면접 **결과에 따라** 합격자가 결정된대요.

- 카멜레온은 주변 **환경에 따라서** 피부 색깔이 바뀐다.

- 일정은 여행지의 **날씨에 따라** 변경될 수 있습니다.

연습 1 보기 와 같이 문장을 완성하십시오.

보기

(요일)	월요일	화요일	수요일	목요일
할인 메뉴	새우볶음밥	잡채밥	버섯덮밥	마파두부밥

요일에 따라서 할인 메뉴가 달라요.

1)

( )	여자	남자
즐겨 하는 운동	요가, 수영	축구, 농구

______________________ 즐겨 하는 운동이 차이가 나요.

2)

( )	봄	여름	가을	겨울
많이 먹는 과일	딸기	수박	감	귤

______________________ 많이 먹는 과일이 달라요.

3)

( )	325km 서울 → 부산	237km 서울 → 대구	140km 서울 → 대전
기차 요금	53,000원	31,000원	23,000원

______________________ 기차 요금이 결정돼요.

4)

( )	안동	춘천	전주
유명한 음식	찜닭	닭갈비	비빔밥

______________________ 유명한 음식이 달라요.

연습 2 알맞은 것을 골라 대화를 완성하십시오.

결과 인원 적성 연령대

1) 가: 다음 주 회의 장소가 결정되었나요?
   나: 아직 정해지지 않았는데 참석 ______________ 에 따라 장소가 결정될 예정입니다.

2) 가: 선물할 립스틱을 하나 사고 싶은데요.
   나: 아, 네. 쓰실 분 나이가 어떻게 되세요? ______________ 에 따라서 좋아하는 색이 다르거든요.

3) 가: 장학금은 어떻게 하면 받을 수 있나요?
   나: 입학시험 ______________ 에 따라 장학생이 결정됩니다.

4) 가: 선생님, 저는 어떤 전공을 선택하는 게 좋을까요?
   나: 레아 씨는 어떤 것에 관심이 많아요? 자신의 ______________ 에 따라서 진로를 결정하는 게 좋거든요.

연습 3 보기 와 같이 이야기해 보십시오.

보기	시대	시대에 따라서 유행이 변해요.

1) 나라

2) 장소

3) 직업

4) ( ) 사용량

활동 뮤지컬 예매 정보를 보고 친구와 이야기해 보십시오.

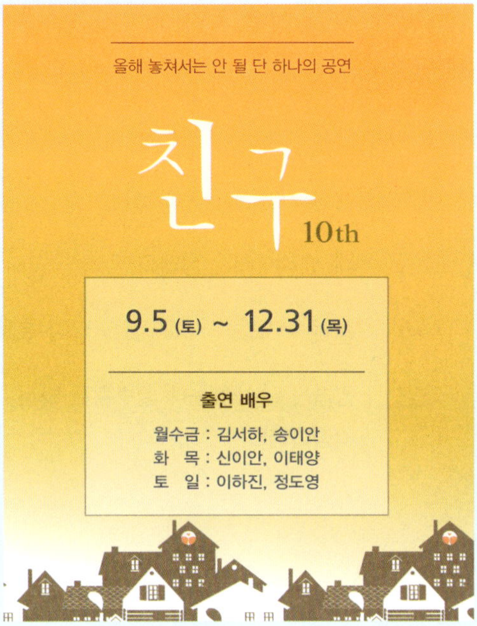

*중복 할인 불가

카드 할인 정보	
대한카드	10% 할인
한국카드	20% 할인
경희카드	30% 할인

좌석 안내

무대

A 석	70,000 원
B 석	50,000 원
C 석	30,000 원
커플석	80,000 원

가: 우리 다음 주에 뮤지컬 보기로 했잖아. 지금 예매할까?

나: 응. 그럼 토요일에 볼래? 내가 좋아하는 배우가 토요일에 나오거든.

가: 요일에 따라서 출연 배우가 다르구나. 좋아. 자리는 어디로 할까?

47 동사 (으)ㄹ까 봐(서)

47-1

레아	내일이 말하기 대회지요?
흐엉	네. 벌써부터 긴장돼요.
레아	잘할 수 있을 거예요. 연습 많이 했잖아요.
흐엉	연습은 많이 했는데 **실수할까 봐서** 걱정이에요.

'동사(으)ㄹ까 봐(서)'는 어떤 상황이 일어날 것 같아서 걱정되거나 그 걱정 때문에 어떤 동작을 할 때 사용한다.

- 가: 왜 밖에 나와 있어요?
  나: 한나 씨가 약속 장소를 **못 찾을까 봐** 나와 있었어요.

- 가: 어제 준 선물 정말 고마워. 집에서 입어 봤는데 정말 예쁘더라.
  나: 다행이다. 너한테 **클까 봐서** 조금 걱정했는데.

- 태풍 때문에 비행기가 **출발하지 못할까 봐** 너무 걱정돼요.

- 친구가 오늘 만나기로 한 약속을 **잊어버렸을까 봐서** 문자를 보냈어요.

연습 1 보기 와 같이 다음을 연결하십시오.

보기 멀미를 하다 — 미리 약을 먹다

➔ 멀미를 할까 봐서 미리 약을 먹었어요.

1)	햇빛에 얼굴이 타다	선크림을 바르다
2)	공연 표가 매진되다	한 달 전에 예매하다
3)	눈이 와서 길이 미끄럽다	운동화를 신고 나오다
4)	약속 시간에 늦다	외출 준비를 서두르다
5)	사고 싶은 화장품이 다 팔리다	퇴근하자마자 화장품 가게에 가다

연습 2 보기 와 같이 문장을 완성하십시오.

보기

잠이 안 올까 봐 오후에는 커피를 안 마셔요.

1)

______ 인터넷으로는 옷을 잘 안 사요.

2)

______ 부모님께 자주 전화를 드려요.

3)

______ 조용히 방문을 열고 들어갔어요.

4)

______ 걱정이에요.

연습 3 보기 와 같이 이야기해 보십시오.

보기

살이 찌는 것이
걱정돼요.

살이 찔까 봐 밤 9시 이후에는
아무것도 안 먹어요.

1)

이번 달 생활비가
부족할 것 같아요.

2)

친구가 매운 음식을
못 먹으면 어떡하지?

3)

퇴근 시간이라서
차가 막힐 것 같아요.

4)

답안지에 답을 잘못
썼으면 어떡하지?

활동 다음 중 하나를 골라 보기 와 같이 이야기해 보십시오.

주제

☑ 가족 ☐ 친구 ☐ 공부 ☑ 생활 ☐ 직업

보기

할머니 연세가 많으셔서 건강이 나빠지실까 봐 걱정이에요.

저는 아침에 못 일어날까 봐 항상 알람을 맞춰 놓고 자요.

48 동작동사 고 나다

48-1

첸 상진 씨, 휴가 잘 다녀왔어요?

상진 네. 오랜만에 여행 가서 푹 쉬었어요.
첸 씨는 언제 휴가 가요?

첸 저는 이번 프로젝트를 **끝내고 나서** 갈까 해요.

'동작동사 고 나다'는 어떤 일이나 동작이 모두 끝났음을 나타낸다. '동작동사 고 나서'는 앞의 일이 끝난 후에 일어나는 동작의 순서를 나타낸다.

- 가: 오늘 바람도 시원하고 날씨도 좋은데 산책하러 갈래요?
  나: 좋아요. 점심 **먹고 나서** 산책하러 나가요.
- 팀장님과 **상의하고 나서** 말씀드리겠습니다.

'동작동사 고 나면'은 '앞의 일이 끝나면'의 의미를 나타낸다.

- 가: 오랜만에 등산을 해서 그런지 좀 힘드네요.
  나: 따뜻한 물로 샤워를 **하고 나면** 피로가 풀릴 거예요.
- 이번 주가 **지나고 나면** 날씨가 더 추워진대요.

'동작동사 고 나니(까)'는 앞의 일이 끝난 후에 알게 된 사실이나 느낀 점을 나타낸다.

- 가: 장민 씨, 대학 면접 잘 봤어요?
  나: 잘 모르겠어요. 그래도 면접을 **보고 나니까** 마음은 가볍네요.
- **헤어지고 나니** 그 사람이 얼마나 소중한지 알게 되었다.

연습 1 보기 와 같이 다음을 연결하십시오.

보기 설악산에 도착해 짐을 풀다 / 기념사진을 촬영하다

➜ 설악산에 도착해 짐을 풀고 나서 기념사진을 촬영했어요.

1)	먼저 고기를 볶다	채소를 넣고 끓이다
2)	친구와 영화를 보다	쇼핑하러 가려고 하다
3)	회의 준비를 마치다	동료와 같이 밥을 먹으러 가다
4)	고등학교를 졸업하다	한국에 오다

연습 2 보기 와 같이 다음을 연결해 이야기해 보십시오.

보기 시간이 지나고 나면 그 일은 잊어버리게 될 거예요.

1) 시간이 지나다 •	• 건강해질 거예요.
2) 술과 담배를 끊다 •	• 그 일은 잊어버리게 될 거예요.
3) 박물관을 관람하다 •	• 한국어 실력이 좋아질 거예요.
4) 매일 예습과 복습을 하다 •	• 한국의 문화를 조금 더 알게 될 겁니다.

연습 3 알맞은 것을 골라 문장을 완성하십시오.

되다　　듣다　　차리다　　✓흘리다　　운동하다

1) 눈물을 흘리고 나니까 기분이 훨씬 나아졌다.

2) 오랜만에 ______________ 몸이 가벼워졌다.

3) 대학생이 ______________ 평소에 공부해야 할 것이 더 많아졌다.

4) 너무 졸려서 조금만 자려고 했는데 정신을 ______________ 11시였다.

5) 처음에는 왜 그렇게 행동했는지 이해가 안 됐는데 그 친구의 사정을 다 ______________ 이해가 되더라고.

연습 4 보기 와 같이 문장을 완성하십시오.

보기

선생님의 설명을 듣고 나서 문제를 풀었어요.

선생님의 설명을 듣고 나니까 이해가 됐어요.

1)

영화를 보고 나서 ______________________.

영화를 보고 나니까 ______________________.

2)

시험을 보고 나서 ______________________.

시험을 보고 나니까 ______________________.

연습 5 대화를 완성하십시오.

1) 가: 흐엉, 요즘 이 노래 많이 들어?
   나: 응. 이 노래를 ______________________ 기분이 좋아지거든.

2) 가: 어제 본 뮤지컬 재미있었어? 공연이 ______________________ 뭐 했어?
   나: 공연장 근처에서 친구들이랑 밥 먹었어.

3) 가: 루카스 씨는 라면을 끓일 때 수프를 먼저 넣어요? 아니면 면을 먼저 넣어요?
   나: 저는 수프를 먼저 ______________________ 면을 넣어요.

4) 가: 여행할 때 번지 점프를 했다면서요? 무섭지 않았어요?
   나: 하기 전에는 무서웠는데 ______________________ 또 하고 싶더라고요.

활동 보기 와 같이 이야기해 보십시오.

상황 학교 홈페이지에 가입하려고 한다.

홈페이지 가입 순서 홈페이지 접속 › 회원 가입 누르기 › 정보 입력 › 약관 동의 › 등록

홈페이지를 가입하고 나면 할 수 있는 일 게시판에 글을 쓰거나 댓글을 달 수 있다.

보기

경희대학교 국제교육원 홈페이지에 가입하려면 먼저 홈페이지에 접속해야 합니다. 접속하고 나서 회원 가입을 누릅니다. 버튼을 클릭하고 나면 정보를 입력할 수 있습니다.

1 게임 캐릭터를 만들려고 한다.

게임 캐릭터를 만드는 순서 게임 접속 › 원하는 직업 고르기 › 캐릭터 외모 선택하기

2 영화표를 예매하려고 한다.

예매 순서 ______ › ______ › ______

49 상태동사 아하다/어하다

49-1

자이튼 나츠미, 이반 생일에 무슨 선물 줬어?

나츠미 내가 직접 케이크를 만들어 줬어.

자이튼 그래? 이반이 좋아했겠네.

나츠미 응. 이반이 케이크를 보고 정말 **기뻐했어.**

'상태동사 아하다/어하다'는 다른 사람의 심리나 느낌을 말할 때 사용한다. 주로 감정을 나타내는 상태동사와 함께 사용하며 다른 사람이 그런 심리 상태에서 하는 행동을 이야기할 때 쓴다.

- 가: 한나가 요즘 고향 생각하면서 많이 **힘들어하더라고.**
  나: 그럼 우리 한나랑 가까운 데라도 놀러 갈까?

- 가: 부산 여행 재미있었겠다. 해운대에 가서 수영도 했어?
  나: 아니. 레아가 물을 **무서워해서** 바다에는 안 들어갔어.

- 내가 장난으로 한 말 때문에 지아가 기분 **나빠했다.**
- 기숙사 엘리베이터가 자주 고장 나서 학생들이 **불편해해요.**

연습 1 그림을 보고 보기 와 같이 문장을 완성하십시오.

보기

나츠미가 선물을 받으면서 행복해해요.

1)

한나가 벌레를 _____________________.

2)

이반이 시험 문제를 _____________________.

3)

장민이 고양이를 _____________________.

4)

흐엉이 예능 프로그램을 보면서 _______________.

5)

레아가 영화를 보면서 _____________________.

6)

루카스 씨가 어제 밤을 새워서 _______________.

연습 2 알맞은 것을 골라 대화를 완성하십시오.

부럽다	즐겁다	속상하다	심심하다

1) 가: 여보, 우리 다음에도 이 해수욕장에 또 놀러 올까요?
   나: 그래요. 아이들이 ____________(으)니까 다음에 또 옵시다.

2) 가: 이반, 오늘 저녁에 장민이랑 홍대에 가서 놀기로 했다면서?
   나: 응. 요즘 장민이 ____________아서/어서 같이 놀러 가려고.

3) 가: 루카스 씨가 이번 시험을 잘 못 봤대요. 시험 결과를 보고 ____________.
   나: 정말요? 이번에 열심히 공부했는데 기분 안 좋겠네요.

4) 가: 어제 노래방에서 흐엉이 노래를 진짜 잘 부르더라. 나도 그렇게 노래를 잘 불렀으면 좋겠어.
   나: 뭘 그렇게 ____________. 너도 노래 잘 부르잖아.

연습 3 알맞은 것을 골라 글을 완성하십시오.

아쉽다	어색하다	재미있다	행복하다

2월 28일 금요일 날씨 : 맑음

오늘은 이번 학기 수료식이 있는 날이었다. 수료식을 하면서 처음 교실에 들어갔을 때가 생각났다. 나는 우리 반에 아는 친구가 아무도 없어서 교실에 처음 들어갈 때 많이 긴장했다. 그때 친구들도 서로 1)____________(으)ㄴ/는 것 같았다. 새 학기가 시작된 지 일주일 정도 지난 후에 반장이 다 같이 밥을 먹자고 해서 저녁을 함께 먹으러 갔다. 밥을 먹고 노래방에 갔는데 장민의 웃긴 춤을 보면서 2)____________던 친구들의 모습이 생각난다. 그날 이후 친구들과 친해져서 학교생활이 훨씬 재미있어졌다. 어제 우리는 선생님께 편지를 써서 드렸다. 깜짝 편지를 받은 선생님은 매우 3)____________(으)면서 활짝 웃으셨다. 나는 이번 학기에 친구들과 많이 친해졌는데 너무 빨리 끝난 것 같아서 4)____________(는/ㄴ)다. 다음 학기에도 이번 학기 친구들과 자주 만났으면 좋겠다.

활동 그림을 보고 이야기해 보십시오.

오늘은 장민의 생일이에요. 그런데 아무에게도 연락도 없고 약속도 없어서 장민이 심심해했어요.

50 동사 (으)ㄴ/는 편이다

50-1

장민 흐엉 씨, 제가 이번 방학 때 해외여행을 다녀올까 해요.

흐엉 아, 그래요? 어디로 여행 가려고 해요?

장민 아직 결정을 못 했어요. 좋은 곳 있으면 추천 좀 해 주세요.

흐엉 베트남은 어때요? 여러 가지 다양한 볼거리가 많고 한국에 비해 물가도 **저렴한 편이에요.**

'동사 (으)ㄴ/는 편이다'는 어떤 사실을 확실하게 결정해서 말하기보다는 대체로 어떤 쪽에 가깝거나 속한다고 말할 때 사용한다.

- 가: 영화 감상이 취미라면서요? 영화 자주 보세요?
  나: 일주일에 두 편 이상은 꼭 보니까 자주 **보는 편이에요.**
- 가: 수영장에 다니려고 하는데 어디 괜찮은 데 없을까?
  나: 내가 다니는 데는 어때? 가격에 비해 시설이 **좋은 편이야.**
- 그 회사는 월급이 **많지 않은 편이지만** 근무 환경은 좋아요.
- 음식이 입에 잘 맞아서 오늘은 평소보다 많이 **먹은 편이에요.**
- 장민은 성격이 활발하고 **적극적인 편이어서** 친구들이 많아요.

연습 1 그림을 보고 보기 와 같이 문장을 완성하십시오.

보기

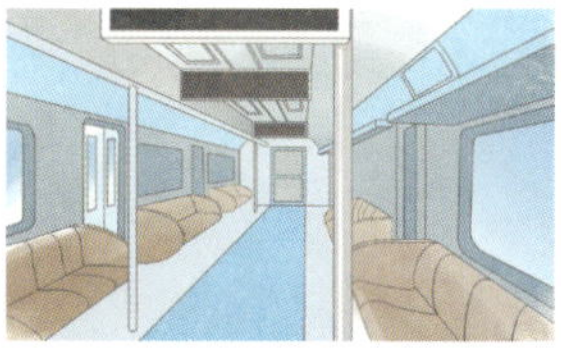
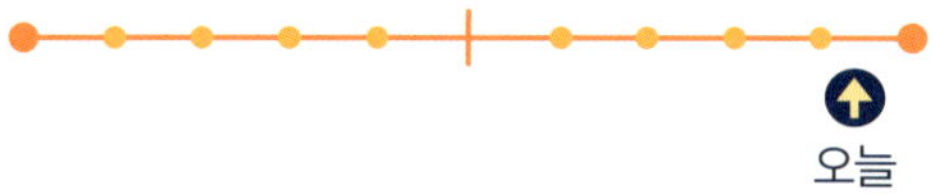

오늘은 지하철에 사람이 많은 편이에요.

1)

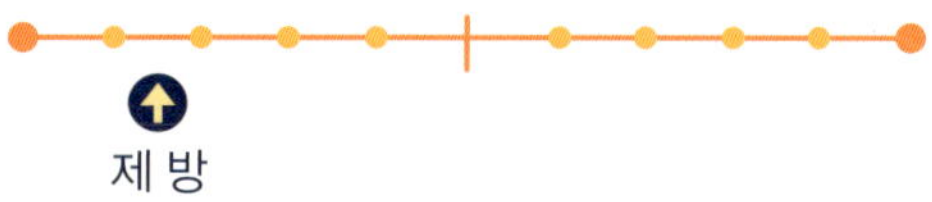

제 방은 ______________________.

2)

우리 언니는 ______________________.

3)

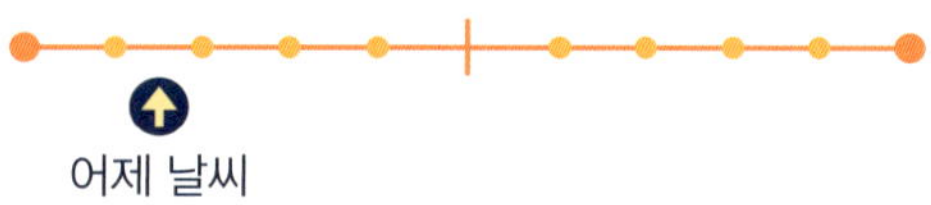

어제는 날씨가 ______________________.

4)

월	화	수	목	금	토	일
		✓ 헬스장				

월	화	수	목	금	토	일
✓ 헬스장	✓ 헬스장	✓ 헬스장		✓ 헬스장	✓ 헬스장	

장민 씨는 ______________________.

5)

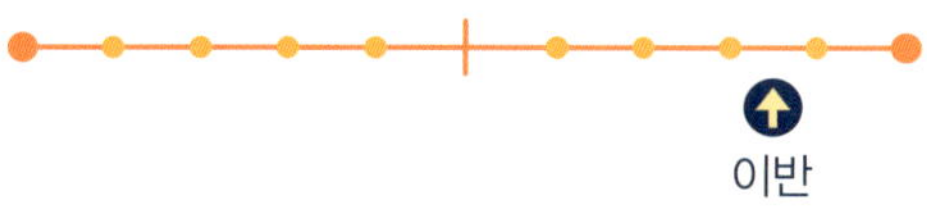

이반은 ______________________.

연습 2 대화를 완성하십시오.

1) 가: 한국에 오래 사셨어요?
나: 네. 10년 전부터 한국에 살았으니까 ______________________.

2) 가: 고향 친구들과 전화 자주 해요?
나: 아니요. 저는 전화보다 ______________________.

3) 가: 이번 시험을 잘 못 봤어. 70점밖에 못 받았거든.
나: 아니야. 우리 반 평균 점수가 60점이니까 넌 시험을 ______________________.

4) 가: 지난주에 이사했다면서요? 새로 이사 간 집은 어때요?
나: 깨끗하긴 하지만 ______________________.

5) 가: 이번 달은 지난달보다 ______________________(이)라서 생활비가 별로 안 남았어.
나: 앞으로는 쇼핑할 때 꼭 필요한 물건들만 사는 게 어때?

연습 3 여러분의 고향과 비교해서 보기 와 같이 이야기해 보십시오.

보기	교통	한국은 우리 나라보다 교통비가 비싼 편이에요. 서울은 제 고향에 비해 길이 많이 막히는 편이에요.

1) 음식

2) 사람

3) 날씨

4) 한국어

활동 어떤 것을 좋아하는지 표시하고 보기 와 같이 이야기해 보십시오.

1
- ☐ 친구 한 명을 만나는 것을 좋아한다.
- ☑ 친구 여러 명을 함께 만나는 것을 좋아한다.

2
- ☑ 친구를 만나기 전에 미리 계획을 세운다.
- ☐ 계획 없이 기분에 따라 무엇을 할지 생각한다.

3
- ☐ 친구를 만날 때 옷에 신경을 쓴다.
- ☐ 친구를 만날 때 옷에 신경을 쓰지 않는다.

4
- ☐ 나는 약속 시간에 딱 맞춰서 나간다.
- ☐ 나는 약속 시간보다 일찍 나간다.

5
- ☐ 식사한 후 음식값을 반반씩 낸다.
- ☐ 친구와 돌아가면서 음식값을 낸다.

6
- ☐ ______________________.
- ☐ ______________________.

보기

저는 친구들과 만날 때 여러 명을 함께 만나는 편이에요. 여럿이 함께 있으면 다양한 주제로 이야기를 나눌 수 있어서 좋거든요. 그리고 보통 친구들을 만나기 전에 미리 계획을 세우는 편이에요. 친구들과 만났을 때 무엇을 할지, 어디에 갈지 고민하느라 시간을 보내는 것을 싫어하기 때문이에요.

KYUNG HEE KOREAN

경희한국어 중급 1 문법

부록

듣기 지문

모범 답안

문법 색인

듣기 지문

18 동사-냐고 하다 (18-2)

연습2 여자가 무슨 말을 했습니까? 다음을 듣고 보기와 같이 이야기해 보십시오.

> 보기
> 여자: 이번 주말에 뭐 할 거예요?
> 남자: 친구하고 영화를 볼 거예요.

1) 여자: 저기요. 계산은 어디에서 해야 해요?
   남자: 저쪽에서 하시면 됩니다.

2) 여자: 요즘 제주도 날씨가 어때요?
   남자: 요즘 비가 자주 와요.

3) 남자: 네, 경희 호텔입니다.
   여자: 제가 지금 가고 있는데 정확한 위치가 어떻게 되나요?

4) 남자: 이번 방학에는 여행을 좀 해야겠어.
   여자: 어디로 여행 갈지 결정했어?

19 동작동사-(으)라고 하다 (19-2)

연습2 여자가 무슨 말을 했습니까? 다음을 듣고 보기와 같이 이야기해 보십시오.

> 보기
> 남자: 경복궁에 가려면 몇 번 출구로 나가야 돼요?
> 여자: 4번 출구로 나가세요.

1) 여자: 오늘은 일찍 들어와라.
   남자: 네, 엄마.

2) 여자: 내일은 지각하지 마세요.
   남자: 네, 알겠습니다.

3) 남자: 콘서트장은 어디로 가야 하나요?
   여자: 3층으로 올라가십시오.

4) 남자: 선생님, 잘 못 들었어요.
   여자: 그럼 다시 한번 들어 보세요.

20 동작동사-자고 하다 (20-2)

연습2 여자가 무슨 말을 했습니까? 다음을 듣고 보기와 같이 이야기해 보십시오.

> 보기
> 여자: 시험 끝나고 같이 놀이공원에 갈까?
> 남자: 좋아. 같이 가자.

1) 여자: 주말에 같이 영화 볼까?
   남자: 좋아. 내가 예매할게.

2) 여자: 댄스 동아리에 가입하려고 하는데 같이 가입할래요?
   남자: 좋아요. 같이 해요.

3) 남자: 루카스 씨가 다리를 다쳐서 병원에 입원했다고 해요.
   여자: 그래요? 그럼 같이 병문안을 갈까요?

4) 여자: 시간이 없으니까 쇼핑은 하지 맙시다.
   남자: 그래요. 그럼 오늘은 식사만 하고 들어갑시다.

21 인용 축약 (21-2)

연습3 여자가 무슨 말을 했습니까? 다음을 듣고 보기와 같이 이야기해 보십시오.

> 보기
> 여자: 머리를 자르니까 단정해 보여요.
> 남자: 그래요? 고마워요.

1) 여자: 장민에게 전화했는데 안 받네.
   남자: 그럼 수업 끝나고 전화해 봐.

2) 여자: 오늘 흐엉하고 만나기로 한 장소가 어디야?
   남자: 학교 정문에서 만나기로 했어.

3) 남자: 엘리베이터가 어디에 있어요?
   여자: 엘리베이터를 이용하려면 왼쪽으로 가세요.

4) 여자: 날씨가 더우니까 같이 수영장에 갈래요?
   남자: 좋아요. 몇 시에 만날까요?

모범 답안

1 상태동사 게

연습1 1) 행복하게
2) 깨끗하게
3) 싸게
4) 늦게
5) 중요하게

연습2 1) 친절하게
2) 조용하게
3) 예쁘게
4) 어렵게
5) 흐엉, 귀엽게

연습3 1) 재미있게 놀았어
2) 바쁘게 지냈어
3) 쉽게 이해할 수 있을 거예요
4) 강하게 부네요

2 동작동사 (으)ㄴ 지

연습1 1) 켠 지
2) 태어난 지
3) 모은 지
4) 지은 지
5) 옮긴 지

연습2 1) 한국에 온 지 일주일이 됐어요.
2) K-pop을 들은 지 5년이 됐어요.
3) 이 동네에 산 지 오래됐어요.
4) 부모님께 전화를 드린 지 사흘이 됐어요.

연습3 1) 카드를 잃어버린 지 이틀이 지났어요.
2) 운전한 지 10년이 지났어요.
3) 아이가 잠이 든 지 10분 됐어요.
4) 고양이를 키운 지 5년쯤 됐어요.

3 동작동사 (으)려면

연습1 1) 학생 할인을 받으려면 학생증을 가지고 와야 돼요.
2) 도서관에서 책을 빌리려면 5시까지 가야 돼요.
3) 좋은 자리에서 콘서트를 보려면 예매를 서둘러야 돼요.
4) 7시에 반 친구들과 피자를 먹으려면 지금 주문해야 돼요.
5) 발표할 때 실수하지 않으려면 연습을 많이 해야 돼요.

연습2 1) 사용하려면
2) 받으려면
3) 환불하려면
4) 내지 않으려면
5) 출근하지 않으려면

연습3 1) 나가려면
2) 합격하려면
3) 통장을 만드시려면
4) 진료를 받으시려면

연습4 1) 돈을 모으려면 지금보다 더 돈을 아껴 써야 돼요.
2) 방학에 여행을 가려면 비행기표를 먼저 예매하세요.
3) 반 친구들과 친해지려면 먼저 이야기를 해 보세요.
4) 대학교에 입학하려면 지금부터 열심히 준비해야 돼요.

4 상태동사 아/어 보이다

연습1 1) 피곤해 보여요
2) 커 보여요
3) 비싸 보여요
4) 가늘어 보여요
5) 어려 보여요

연습2 1) 길어 보여요
짧아 보여요
2) 커 보여요
작아 보여요

모범 답안

3) 차가워 보여요
 뜨거워 보여요
4) 날씬해 보여요
 통통해 보여요

연습3 1) 아파 보여요
2) 안 좋아 보여
3) 똑똑해 보이네
4) 무거워 보이는데
5) 단정해 보이는

활동 가: 여기 음식 종류가 정말 다양하다. 우리 여기에서 점심 먹자.
나: 좋아. 저기에 있는 샐러드는 어때?
가: 신선해 보이는데 좀 비싼 것 같아.
나: 저기에 있는 피자는 어때?
가: 맛있어 보이네. 그런데 피자 한 판은 좀 부족하지 않을까?
나: 그럼 크림 스파게티도 하나 시키는 건 어때?
가: 그래. 피자 한 판하고 크림 스파게티 시키자.

5 동사(으)ㄴ지/는지 (알다/모르다)

연습1

동작동사	-는지	-았는지/었는지	-(으)ㄹ지
먹다	먹는지	먹었는지	먹을지
자다	자는지	잤는지	잘지
듣다	듣는지	들었는지	들을지
살다	사는지	살았는지	살지
상태동사	-(으)ㄴ지	-았는지/었는지	-(으)ㄹ지
좋다	좋은지	좋았는지	좋을지
바쁘다	바쁜지	바빴는지	바쁠지
춥다	추운지	추웠는지	추울지
멀다	먼지	멀었는지	멀지
어떻다	어떤지	어땠는지	어떨지
재미있다	재미있는지	재미있었는지	재미있을지
명사	-인지	-이었는지/였는지	-일지
학생	학생인지	학생이었는지	학생일지
가수	가수인지	가수였는지	가수일지

연습2 1) 학생증을 어디에서 신청하는지 모르겠어요.
2) 약국 문을 몇 시에 여는지 알아요?
3) 이 제품과 저 제품이 어떻게 다른지 설명해 주세요.
4) 오늘 공원에 왜 이렇게 사람이 많은지 아세요?
5) 이 단어의 뜻이 뭔지 가르쳐 주세요.
6) 지난번에 간 식당이 어디였는지 기억나요?

연습3 1) 시험을 잘 봤는지 못 봤는지 궁금해요.
2) 내일 상담할 수 있는지 없는지 알려 주세요.
3) 국물이 짠지 싱거운지 먹어 보고 이야기해 주세요.
4) 졸업 후에 취업을 할지 유학을 갈지 아직 잘 모르겠어요.
5) 제가 쓴 것이 정답인지 아닌지 가르쳐 주세요.

연습4 1) 어디에서 타는지 아세요
2) 어떻게 만드는지 알아요
3) 어디에 있는지 아세요
4) 누가 오는지 잘 모르겠어요
5) 뭐가 좋을지 모르겠네

연습5 1) 언제 고향에 돌아가는지 알아요
2) 어디에 사는지 알아요
3) 어떤지 알아요
4) 언제인지 알아요
5) 어제 왜 울었는지 아세요

6 동작동사 게 되다

연습1 1) 만나게 됐어요
2) 입원하게 됐다
3) 살게 돼요
4) 먹게 됐어요
5) 쓰게 된다

연습2 1) 배우게 됐습니다
2) 호텔 관광학을 전공하게 됐습니다
3) 찍게 됐어요
4) 가입하게 됐습니다

모범 답안

연습3 1) 좋아하게 될 거야
2) 알게 됐어요
3) 닫게 됐어요
4) 책으로 만들게 됐어요
5) 오게 됐습니다

7 동작동사는 중이다, 명사 중이다

연습1 1) 책을 읽는 중이에요
독서 중이에요
2) 일하는 중이에요
근무 중이에요
3) 고치는 중이에요
수리 중이에요
4) 전화하는 중이에요
통화 중이에요
5) 보는 중이에요
관람 중이에요

연습2 1) 부엌에서 요리를 하는 중에 손을 다쳤다.
2) 집에서 공부를 하는 중에 불이 꺼졌다.
3) 친구들과 버스에서 이야기를 하는 중에 사고가 났다.
4) 수업을 듣는 중에 친구에게서 연락을 받았다.
5) 내일 학교에 가져갈 책을 정리하는 중에 그 편지를 발견했다.

연습3 1) 친구들과 이야기하는 중이야
2) 청소를 하는 중이에요
3) 아직 고민하는 중이야
4) 다이어트를 하는 중이거든
5) 이메일을 보내는 중이니까

8 동작동사나요?, 상태동사(으)ㄴ가요?

연습1

동작동사	-나요?	-았나요?/었나요?	-(으)ㄹ 건가요?
먹다	먹나요?	먹었나요?	먹을 건가요?
가다	가나요?	갔나요?	갈 건가요?
듣다	듣나요?	들었나요?	들을 건가요?
살다	사나요?	살았나요?	살 건가요?
상태동사	-(으)ㄴ가요?	-았나요?/었나요?	
많다	많은가요?	많았나요?	
크다	큰가요?	컸나요?	
쉽다	쉬운가요?	쉬웠나요?	
길다	긴가요?	길었나요?	
어떻다	어떤가요?	어땠나요?	
재미있다	재미있나요?	재미있었나요?	
명사	-인가요?	-이었나요?/였나요?	
학생	학생인가요?	학생이었나요?	
가수	가수인가요?	가수였나요?	

연습2 1) 여나요
2) 필요한가요
3) 가능한가요
4) 구입하셨나요
5) 남으셨나요

연습3 1) 한국에서 베트남까지 얼마나 걸리나요
2) 책은 며칠 동안 빌릴 수 있나요
3) 쓰레기봉투는 어디에서 파나요
4) 공항버스는 어디에서 타나요

9 동사잖아(요)

연습1 2) 가: 오늘은 왜 차를 안 타고 가요?
나: 눈이 와서 길이 미끄럽잖아요.
3) 가: 레아 씨는 한국어를 참 잘하네요.
나: 한국에 오래 살았잖아요.
4) 가: 요즘 도서관에 사람이 평소보다 많은 것 같아요.
나: 시험 기간이잖아요.
5) 가: 전주에 가서 비빔밥을 먹었는데 정말 맛있었어요.
나: 원래 전주비빔밥이 유명하잖아요.

연습2 1) 연휴잖아요
2) 건강에 좋잖아
3) 여자 주인공이 죽었잖아
4) 제시간에 도착할 수 있잖아요
5) 환경 문제가 심각하잖아요

연습3 1) 준서는 아르바이트도 하고 학교 활동도 많이 하잖아.
2) 지아는 부산 사람이잖아.
3) 시장은 과일이 싸고 싱싱하잖아요.
4) 제주도는 경치가 아름답잖아요.

10 동사 아도/어도

연습1 1) 숙제가 많아도 꼭 해야 돼요.
2) 방학이 짧아도 고향에 다녀오고 싶어요.
3) 주말이 아니어도 극장에 사람이 많아요.
4) 여러 번 이야기해도 말을 듣지 않아요.
5) 약속 시간이 지나도 친구가 안 와요.

연습2 1) 바빠도
2) 비가 와도
3) 옷이 많아도
4) 매일 먹어도

연습3 1) 피곤해도
2) 입맛이 없어도
3) 일이 많아도
4) 읽어도
5) 서둘러도

연습4 1) 저는 비가 와도 출근은 꼭 해요.
2) 저는 머리가 아파도 학교에 꼭 가요.
3) 저는 친구랑 싸워도 꼭 만나서 이야기해요.
4) 저는 내일이 시험이어도 아르바이트는 꼭 해요.

11 동사 아야/어야

연습1 1) 수술을 받아야 병이 나을 수 있어요.
2) 책임감이 있어야 직장 생활을 잘할 수 있어요.
3) 비가 오지 않아야 테니스를 칠 수 있어요.
4) 강물이 깨끗해야 물고기가 살 수 있어요.
5) 미리 숙소를 예약해야 여행을 편하게 할 수 있어요.
6) 학생이어야 미술관 입장료를 할인받을 수 있어요.

연습2 1) 만들어 줘야
2) 확인해 봐야
3) 점수가 나와 봐야
4) 연기를 잘해야

연습3 1) 처방전이 있어야 이 약을 살 수 있어요.
2) 안경을 써야 칠판이 잘 보여요.
3) 신발이 가벼워야 걸을 때 편합니다.
4) 미리 약속 시간을 정해야 사장님을 만나실 수 있습니다.
5) 이번 가수 오디션은 15세 이상이어야 참가가 가능합니다.

연습4 1) 물건을 비교해 봐야
2) 친구를 많이 사귀어야
3) 자주 만나서 이야기해야
4) 준비를 잘해야

12 동사 거든(요)

연습1 2) 이걸 한번 써 보세요. 요즘 유행하는 선글라스거든요.
3) 근처 커피숍에서 기다릴래요? 지금 차가 많이 막히거든요.
4) 제가 부탁하면 들어줄 거예요. 장민 씨가 저랑 정말 친하거든요.
5) 죄송한데 빨리 좀 가 주시겠어요? 제가 약속 시간에 늦었거든요.

연습2 1) 친구랑 부산에 가기로 했거든요
2) 한국에 온 지 얼마 안 됐거든요
3) 내가 좋아하는 배우거든
4) 집에 놓고 왔거든요
5) 추위를 많이 타거든요

연습3 1) 오늘이 졸업식이거든요.
2) 네. 제가 부산을 정말 좋아하거든요.

3) 네. 일이 많아서 시간이 없었거든요.
4) 아, 배터리가 없어서 휴대폰이 꺼졌거든요.

13 동작동사 나 보다, 상태동사 (으)ㄴ가 보다

연습1

동작동사	-나 보다	-았나/었나 보다	-(으)려나 보다
찾다	찾나 보다	찾았나 보다	찾으려나 보다
오다	오나 보다	왔나 보다	오려나 보다
듣다	듣나 보다	들었나 보다	들으려나 보다
만들다	만드나 보다	만들었나 보다	만들려나 보다
상태동사	-(으)ㄴ가 보다	-았나/었나 보다	
좋다	좋은가 보다	좋았나 보다	
바쁘다	바쁜가 보다	바빴나 보다	
춥다	추운가 보다	추웠나 보다	
멀다	먼가 보다	멀었나 보다	
맛있다	맛있나 보다	맛있었나 보다	
명사	-인가 보다	-이었나/였나 보다	
선생님	선생님인가 보다	선생님이었나 보다	
의사	의사인가 보다	의사였나 보다	

연습2 1) 가방이 무거운가 봐요.
2) 두 사람이 자매인가 봐요.
3) 모두 퇴근했나 봐요.
4) 축구 경기에서 이겼나 봐요.
5) 비가 내리려나 봐요.

연습3 1) 소리가 안 나는 걸 보니까 라디오가 고장 났나 봐요.
2) 노크를 해도 대답이 없는 걸 보니까 교수님께서 연구실에 안 계시나 봐요.
3) 얼마 전에 산 바지가 큰 걸 보니까 살이 빠졌나 봐요.
4) 엄마가 음식을 많이 만든 걸 보니까 저녁에 손님이 오시나 봐요.
5) 레아가 갑자기 귀국을 한 걸 보니까 고향 집에 무슨 일이 있나 봐요.

연습4 1) 무슨 좋은 일이 있나 봐요
2) 친한 사이인가 봐요
3) 여행을 가려나 봐요
4) 배가 많이 고픈가 봐요
5) 영화가 재미있나 봐요
6) 수업이 끝났나 봐요

연습5 1) 연기가 많이 나는 걸 보니까 큰불이 났나 봐요.
2) 기침을 하는 걸 보니까 감기에 걸렸나 봐요.
3) 옆집에 도둑이 들었나 봐요.
4) 음식이 맛있고 저렴한가 봐요.

활동 자이툰 씨가 가방에서 무엇을 찾는 걸 보니까 책을 안 가지고 왔나 봐요.
한나 씨가 시계를 계속 보는 걸 보니까 약속이 있나 봐요.
나츠미 씨가 커피를 마시는 걸 보니까 많이 졸리나 봐요.
이반 씨가 손을 든 걸 보니까 질문이 있나 봐요.
레아 씨가 휴대폰을 보고 문자를 보내는 걸 보니까 누구랑 문자를 주고받나 봐요.
흐엉 씨와 루카스 씨는 이야기를 하면서 웃는 걸 보니까 두 사람이 재미있는 이야기를 하나 봐요.
선생님께서 표정이 안 좋은 걸 보니까 기분이 안 좋으신가 봐요.

14 동작동사 자마자

연습1 1) 침대에 눕자마자 잠이 들었어요.
2) 숙소에 도착하자마자 짐을 풀었어요.
3) 버스에서 내리자마자 교실로 뛰어갔어요.
4) 신호등이 바뀌자마자 횡단보도를 건넜어요.
5) 새 운동화를 신고 나가자마자 비가 와서 더러워졌어요.

연습2 1) 커피를 받자마자
2) 방학이 시작되자마자
3) 우산을 사자마자
4) 시험이 끝나자마자

연습3 1) 도착하자마자 연락할게
2) 가자마자 씻고 잤어요
3) 나오자마자 들었어
4) 퇴근하자마자 운동하러 가야 돼요

모범 답안

15 동작동사 아야겠다/어야겠다

연습1 1) 시간이 늦었으니까 빨리 가야겠어요.
2) 길이 많이 막히니까 지하철을 타야겠어요.
3) 주문한 음식이 부족하니까 좀 더 시켜야겠어요.
4) 내일 일찍 일어나야 되니까 그만 자러 가야겠어요.
5) 이번 달 생활비가 얼마 안 남았으니까 돈을 아껴 써야겠어요.

연습2 2) 가 봐야겠네요
3) 운동해야겠어요
4) 빨리 빨아야겠어
5) 보지 말아야겠네요

연습3 1) 가져가야겠어요
2) 읽어 봐야겠다
3) 전화해 봐야겠다
4) 집 청소를 해야겠네요
5) 옷을 사야겠네요

16 동사 아서/어서 그런지

연습1 1) 이 집은 시설이 좋아서 그런지 월세가 비싸요.
2) 요즘 날씨가 쌀쌀해서 그런지 따뜻한 음식이 먹고 싶어요.
3) 상진 씨는 외국어를 잘해서 그런지 외국인 친구들이 많아요.
4) 흐엉 씨는 한국 드라마를 자주 봐서 그런지 듣기 실력이 좋아요.
5) 방금 구운 빵이어서 그런지 더 맛있는 것 같아요.

연습2 1) 오래돼서 그런지
2) 휴가철이어서 그런지
3) 염색해서 그런지
4) 긴장해서 그런지

연습3 1) 익숙해져서 그런지
2) 더워서 그런지
3) 감기약을 먹어서 그런지
4) 컴퓨터를 오래 해서 그런지
5) 수영을 해서 그런지

활동 1. 홍대에 볼거리가 많아서 그런지 서울을 방문한 외국인들이 홍대에 많이 가는 것 같아요.
홍대에 맛있는 식당이 많아서 그런지 서울을 방문한 외국인들이 홍대에 많이 가네요.
2. 요즘 1인 가구가 늘어서 그런지 소형 가전제품이 인기가 많은 것 같아요.
공간을 활용하기에 좋아서 그런지 소형 가전제품이 인기가 많네요.

17 동사 (는/ㄴ)다고 하다

연습1

동작동사	-는/ㄴ다고 하다	-았다고/었다고 하다	-(으)ㄹ 거라고 하다
먹다	먹는다고 하다	먹었다고 하다	먹을 거라고 하다
자다	잔다고 하다	잤다고 하다	잘 거라고 하다
듣다	듣는다고 하다	들었다고 하다	들을 거라고 하다
살다	산다고 하다	살았다고 하다	살 거라고 하다
가지 않다	가지 않는다고 하다	가지 않았다고 하다	가지 않을 거라고 하다
상태동사	**-다고 하다**	**-았다고/었다고 하다**	**-(으)ㄹ 거라고 하다**
좋다	좋다고 하다	좋았다고 하다	좋을 거라고 하다
바쁘다	바쁘다고 하다	바빴다고 하다	바쁠 거라고 하다
춥다	춥다고 하다	추웠다고 하다	추울 거라고 하다
멀다	멀다고 하다	멀었다고 하다	멀 거라고 하다
재미있다	재미있다고 하다	재미있었다고 하다	재미있을 거라고 하다
크지 않다	크지 않다고 하다	크지 않았다고 하다	크지 않을 거라고 하다
명사	**-(이)라고 하다**	**-이었다고/였다고 하다**	**-일 거라고 하다**
학생	학생이라고 하다	학생이었다고 하다	학생일 거라고 하다
가수	가수라고 하다	가수였다고 하다	가수일 거라고 하다
생일이 아니다	생일이 아니라고 하다	생일이 아니었다고 하다	생일이 아닐 거라고 하다

연습2 1) 나츠미 씨가 우리 반에서 장민이 한국어를 제일 잘한다고 했어요.
2) 루카스 씨가 학교에 오는 길에 흐엉을 만났다고 했어요.
3) 레아 씨가 지금 사는 집은 깨끗하지만 학교에서 좀 멀다고 했어요.

4) 상진 씨가 비빔밥은 외국인들도 좋아하는 음식이라고 했어요.

연습3 1) 오늘 저녁에 비가 온다고 해서요
2) 아르바이트를 시작해서 힘들다고 했어요
3) 동대문역 근처에 산다고 했어
4) 지난 학기에 같은 반이었다고 했어

연습4 1) 일기 예보에서 봤는데 내일부터 장마가 시작된다고 해요.
2) 국제교육원 게시판에서 봤는데 오늘부터 도우미 신청을 할 수 있다고 해요.
3) 인터넷 뉴스에서 읽었는데 어젯밤에 회기동에서 화재 사고가 났다고 해요.
4) 학교 홈페이지에서 봤는데 다음 달 15일부터 19일까지 학교 축제 기간이라고 해요.

활동1 레아가 맛있겠다고 했어요.
장민이 떡볶이가 매워 보인다고 했어요.
루카스가 별로 안 맵다고 했어요.
흐엉이 저녁때 떡볶이를 먹으러 가야겠다고 했어요.

18 동사 냐고 하다

연습1 1) 나츠미 씨가 매운 음식을 잘 먹냐고 했어요.
2) 김 선생님께서 한국 생활에 익숙해졌냐고 하셨어요.
3) 레아 씨가 이사한 곳이 학교에서 머냐고 했어요.
4) 한나 씨가 읽고 있는 책이 무슨 책이냐고 했어요.

연습2 1) 계산은 어디에서 해야 하냐고 했어요.
2) 요즘 제주도 날씨가 어떠냐고 했어요.
3) 호텔의 정확한 위치가 어떻게 되냐고 했어요.
4) 어디로 여행 갈지 결정했냐고 했어요.

연습3 1) 국제교육원이 어디에 있냐고 물어봤어
2) 내일 모임에 갈 거냐고 해서
3) 아르바이트를 어떻게 구했냐고 했어요
4) 음식이 맵지 않냐고 해서

19 동작동사 (으)라고 하다

연습1 1) 장민이 비행기 놓치면 안 되니까 내일 공항에 좀 일찍 오라고 했어요.
2) 약사 선생님이 이 약은 식후 30분에 먹으라고 했어요.
3) 뉴스에서 여의도 불꽃 축제에 갈 때는 대중교통을 이용하라고 했어요
4) 한나가 국에 소금을 너무 많이 넣지 말라고 했어요.

연습2 1) 오늘은 일찍 들어오라고 했어요.
2) 내일은 지각하지 말라고 했어요.
3) 3층으로 올라가라고 했어요.
4) 다시 한번 들어 보라고 했어요.

연습3 1) 내일 늦잠 자면 안 되니까 깨워 달라고 했어요
2) 이반 씨에게 쓰기 숙제를 알려 주라고 하셨어요
3) 이 가방 좀 교실까지 들어 달라고 했어요
4) 이 책 좀 나츠미한테 전해 주라고 했어요
5) 여권 좀 보여 달라고 했어요

연습4 1) 오늘은 사용하지 말라고 했어요
2) 한 가지씩 만들어 오라고 했거든
3) 일주일에 한 번만 주라고 했어요
4) 짐 옮기는 것을 도와 달라고 해서

활동 그리고 이사 갈 집에 가구와 전자제품을 어디에 놓을지 미리 정해 두라고 했어. 또 귀중품이나 현금은 직접 보관하라고 했어.

20 동작동사 자고 하다

연습1 1) 나츠미 씨가 예쁘게 사진을 찍어서 SNS에 올리자고 했어요.
2) 아버지께서 다음 달에 우리 가족 모두 여행을 가자고 하셨어요.
3) 이반 씨가 교실에 쓰레기를 버리지 말자고 했어요.
4) 흐엉 씨가 수업 시간에는 휴대폰을 끄자고 했어요.

연습2 1) 주말에 같이 영화 보자고 했어요.
2) 댄스 동아리에 가입하려고 하는데 같이 가입하자고 했어요.
3) 같이 병문안을 가자고 했어요.
4) 시간이 없으니까 쇼핑은 하지 말자고 했어요.

연습3 1) 회사 앞에서 만나자고 했어요
2) 새로 생긴 식당에 가 보자고 했는데
3) 예매를 좀 서두르자고 했어
4) 회식을 다음으로 미루자고 하셨어요

21 인용 축약

연습1 1) 일기예보를 봤는데 서울은 날씨가 좀 쌀쌀하대요.
2) 한나 씨가 언제 경희대에서 외국인 축제가 열리냬요.
3) 장민 씨가 여행 경비를 아껴야 하니까 숙소를 옮기재요.
4) 지하 주차장은 자리가 없으니까 1층에 차를 주차하래요.
5) 인터넷으로 확인해 보니까 그 가수가 결혼한 건 사실이래.
6) 타냐가 출근 시간이 오래 걸려서 회사 근처로 집을 구했대.

연습2 1) 장민은 수업 후에 기타를 배우러 다닌대요.
2) 레아는 한강에 가서 같이 자전거를 타재요.
3) 루카스는 자기 집 근처에 오게 되면 연락하래요.
4) 한나는 비자를 연장하려면 무슨 서류가 필요하냬요.

연습3 1) 장민에게 전화했는데 안 받는대요.
2) 오늘 흐엉하고 만나기로 한 장소가 어디냬요.
3) 엘리베이터를 이용하려면 왼쪽으로 가래요.
4) 날씨가 더우니까 같이 수영장에 가재요.

연습4 1) 두 사람이 사귀는 게 사실이래
2) 제주도로 여행을 갈 거래요
3) 갑자기 일이 생겨서 조금 늦게 온대
4) 신혼여행은 하와이로 간대요

활동 나츠미: 장민, 이번 주 금요일에 시간 있어?
장　민: 특별한 약속은 없는데 왜?
나츠미: 그럼, 우리 콘서트 보러 가자. 이반도 같이 보러 가재. 셋이 같이 가면 좋을 것 같은데.
장　민: 그래? 무슨 콘서트인데?
나츠미: 경희대학교 80주년 기념 콘서트래. 그래서 경희대학교를 졸업한 가수들도 많이 온대.
장　민: 재미있겠다. 알겠어. 나도 갈게. 콘서트는 몇 시에 한대?
나츠미: 6시에 '평화의 전당'에서 한대. 그리고 학생증을 꼭 가져오래. 학생증이 있어야 '평화의 전당'에 들어갈 수 있내.
장　민: 알겠어. 그럼 금요일에 보자.

22 동작동사 아/어 놓다/두다

연습1 1) 준서가 그림을 그려서 벽에 걸어 놓았어요.
2) 장민이 방 안이 더워서 에어컨을 켜 놓았어요.
3) 타냐가 자료를 정리해서 책상에 놓아두었어요.
4) 레아가 선물로 받은 책을 책꽂이에 꽂아 두었어요.
5) 루카스가 새로 배운 단어를 수첩에 정리해 놓았어요.

연습2 1) 싸 놓았어요
2) 만들어 두었어
3) 환전해 둘게
4) 연락해 놓았어요
5) 예매해 놓자

연습3 1) 냉동실에 넣어 두었어요
2) 주문해 놓을게
3) 차려 놓았으니까
4) 그려 놓은

연습4 꽃병에 꽃을 꽂아 놓았어요.
풍선을 불어 놓았어요.
친구의 생일 선물을 사 놓았어요.
생일 카드를 써 놓았어요.
좋은 음악을 켜 놓았어요.
식탁 위에 음식을 올려 두었어요.

모범 답안

생일 케이크를 준비해 놓았어요.
선물을 사서 포장해 두었어요.

23 명사(이)나, 명사밖에

연습1 1) 집에 운동화가 다섯 켤레나 있어요.
2) 필통에 연필이 열 자루나 있어요.
3) 영화 DVD를 이백 장이나 모았어요.
4) 노래방에서 노래를 열 곡이나 불렀어요.

연습2 1) 이번 달에 책을 한 권밖에 안 읽었어요.
2) 우리 집에는 화장실이 한 개밖에 없어요.
3) 지난주 동아리 모임에 다섯 명밖에 안 왔어요.
4) 한국어 말하기 대회가 일주일밖에 안 남았어요.

연습3 1) 네 잔이나
2) 오만 장이나
3) 다섯 조각이나
4) 열 편이나
5) 반이나

연습4 1) 한 번밖에
2) 오 분밖에
3) 두 개밖에
4) 한 시간밖에
5) 너밖에

24 동작동사 아/어 있다

연습1 1) 학생들이 복도에 나가 있어요.
2) 휴대폰이 주머니에 들어 있어요.
3) 안내문이 교실 벽에 붙어 있어요.
4) 지갑이 바닥에 떨어져 있어요.
5) 관객들이 자리에 앉아 있어요.

연습2 1) 젖어 있네요
2) 모여 있어요
3) 남아 있습니다
4) 비어 있으니까
5) 와 계셔서
6) 피어 있어서

연습3 1) 고향에 보낼 물건이 들어 있어요.
2) 교실 벽에 붙어 있어요.
3) 바닥에 떨어져 있었어.
4) 1층 벤치에 앉아 있을게.

활동 큰 나무 아래에는 꽃잎과 나뭇잎이 여기저기 떨어져 있어요. 나무 아래 벤치에는 여자 두 명이 치킨을 먹으면서 앉아 있어요. 돗자리 위에는 남자 한 명이 이어폰을 끼고 하늘을 보면서 누워 있어요. 한강 공원에서 사진을 찍으려고 꽃 주위에 사람들이 많이 모여 있어요. 쓰레기가 가득 들어 있는 휴지통도 있고 비어 있는 휴지통도 있어요.

25 아무 명사도

연습1 1) 아무것도
2) 아무도
3) 아무 데도
4) 아무 소리도

연습2 1) 아무 계획도
2) 아무 소리도
3) 아무 약속도
4) 아무 연락도
5) 아무 말도

연습3 1) 아무것도 못 먹었어요
2) 아무 데도 안 다쳤어요
3) 아무 일도 없어
4) 아무도 없어서 어색했어요
5) 아무한테도 말하고 싶지 않았어요

활동 1. 아무하고도 이야기하고 싶지가 않아요. 그리고 아무것도 하고 싶지 않아요.
2. 아무도 만나고 싶지 않아요. 그리고 아무것도 먹고 싶지 않아요.

모범 답안

26 동사 더라, 동사 더라고(요)

연습1 1) 아까 루카스가 꽃을 사더라.
2) 어제 떡볶이를 먹었는데 맵더라고.
3) 새로 나온 노래를 들었는데 좋더라.
4) 주말에 등산을 했는데 힘들더라고.

연습2 1) 아까 레아를 봤는데 마스크를 썼더라고요.
2) 조금 전에 루카스를 봤는데 머리를 잘랐더라고요.
3) 어제 커피숍에 갔는데 문을 닫았더라고요.
4) 아침에 창밖을 봤는데 눈이 왔더라고요.

연습3 1) 크더라고
2) 쉬는 날이더라고요
3) 없더라고요
4) 잘 부르더라
5) 끝났더라고
6) 퇴근했더라고요

연습4 1) 한국어가 생각보다 어렵더라고.
2) 응. 강아지가 정말 귀엽더라.
3) 배우가 연기를 정말 잘하더라고요.
4) 한국 사람들이 매운 음식을 많이 먹는다고 하더라고요.

연습5 1) 잘 어울리더라
2) 예쁘더라고
3) 입으셨더라
4) 부르더라
5) 좋더라고
6) 만났다고 하더라고
7) 간다고 하더라고

27 동사 아/어 가지고

연습1 1) 재료를 썰어 가지고 프라이팬에 볶았어요.
2) 티셔츠를 빨아 가지고 옷걸이에 걸었어요.
3) 집에 들어와 가지고 방 청소를 했어요.
4) 생일 카드를 써 가지고 어머니께 보내 드렸어요.
5) 준서 씨에게 연락해 가지고 약속 시간을 바꿨어요.

연습2 1) 성격이 좋아 가지고
2) 늦게 일어나 가지고
3) 너무 바빠 가지고
4) 도서관 문을 닫아 가지고

연습3 1) 재미없어 가지고
2) 찍어 가지고
3) 싸워 가지고
4) 정리해 가지고

연습4 1) 남자 친구/여자 친구와 헤어져 가지고 슬펐어요.
남자 친구/여자 친구와 헤어져 가지고 울었어요.
2) 사람이 많은 버스 안에서 넘어져 가지고 창피했어요.
사람이 많은 버스 안에서 넘어져 가지고 버스에서 내렸어요.
3) 고향에 있는 친구를 오랜만에 만나 가지고 반가웠어요.
고향에 있는 친구를 오랜만에 만나 가지고 수다를 떨었어요.
4) 밤에 길을 걸어가는데 뒤에서 누가 따라와 가지고 무서웠어요.
밤에 길을 걸어가는데 뒤에서 누가 따라와 가지고 빨리 뛰었어요.

28 동사 기는 하다

연습1 1) 내리기는 해요
2) 덥기는 해요
3) 다 쓰기는 했어요
4) 만들 줄 알기는 해요
5) 동갑이기는 해요

연습2 1) 이 옷이 마음에 들기는 하지만 너무 비싸서 못 살 것 같아요.
2) 넘어져서 다리가 아프기는 하지만 걸을 수 있어요.
3) 말하기 대회에 나가기는 하겠지만 상을 받을 자신은 없어요.
4) 직접 만들어 준 음식이라서 먹기는 했지만 맛은 별로였어요.
5) 첸 씨는 좋은 사람이기는 하지만 저하고는 성격이 잘 안 맞는 것 같아요.

연습3 1) 네, 오기는 하는데 많이 오지 않아요.
2) 네, 있기는 하지만 운전을 잘하지 못해요.
3) 네, 맛있기는 한데 조금 비싸요.
4) 네, 알기는 하지만 친하지는 않아요.

29 동사(는/ㄴ)다면

연습1 1) 고등학교 때로 돌아간다면 영어 공부를 열심히 할 거예요.
2) 이 화장품의 효과가 없다면 환불을 해 준다고 해요.
3) 짝사랑하는 사람과 저녁을 먹는다면 떨려서 밥을 못 먹을 것 같아요.
4) 실패를 두려워하지 않는다면 언젠가 성공할 거예요.
5) 제가 사장님이라면 직원들에게 월급을 많이 줄 거예요.

연습2 1) 예쁘게 화장을 해 보고 싶어요
2) 일을 하지 않을 거예요
3) 좋아하는 배우를 만나고 싶어
4) 가족들과 시간을 같이 보낼 거야

연습3 1) 휴일이라면
2) 다시 간다면
3) 산다면
4) 입사한다면
5) 너라면

활동 우주여행을 갈 수 있다면 달에 가 보고 싶어요.
하늘을 나는 자동차가 생긴다면 길이 안 막힐 것 같아요.
로봇이 사람이 하는 일을 대신한다면 일자리가 줄 거예요.

30 동사던

연습1 1) 깨끗하던 바다가 관광객들 때문에 오염되었다.
2) 첫눈이 내리던 날 남자 친구를 만났다.
3) 영화를 보면서 엉엉 울던 나츠미가 생각난다.
4) 발표할 때마다 목소리가 떨리던 장민이 아직도 기억난다.
5) 피아노를 치며 내 생일을 축하해 주던 친구가 너무 보고 싶다.

연습2 1) 자던
2) 가던
3) 듣던
4) 떨던
5) 쓰던

연습3 1) 어제 읽던 책을 오늘 다시 읽었다.
2) 수업 전에 먹던 샌드위치를 쉬는 시간에 다 먹었다.
3) 지난달에 만들던 목도리를 오늘 다 완성했다.
4) 지난주에 보던 공포 영화를 룸메이트와 오늘 다시 봤다.

연습4 1) 먹던
2) 산책하던
3) 갔던
4) 나왔던

연습5 1) 제가 친구들과 자주 가던 곳은 홍대예요.
2) 지난 회식 때 먹었던 음식은 삼겹살이에요.
3) 한나 씨가 마시던 커피예요.
4) 커피숍에서 만났던 사람은 지난주에 소개팅한 사람이에요.

31 동사(는/ㄴ)다면서(요)?

연습1 1) 요즘 한국어로 된 책을 읽는다면서요?
2) 집에서 빵을 자주 만든다면서?
3) 이번 학기 수업이 어렵다면서?
4) 토요일이 자이든 생일이라면서요?
5) 지난 학기에 이반 씨랑 같은 반이었다면서요?
6) 다음 주에 여행을 갈 거라면서?

연습2 1) 사진 찍는 걸 좋아한다면서요
2) 소개팅을 했다면서요
3) 이사한다면서요
4) 아팠다면서요

모범 답안

연습3 1) 조용하다면서요
2) 재미있다면서
3) 공원에서 만나자면서
4) 교실로 오라면서

연습4 1) 봤다면서
2) 도시라면서요
3) 키가 크시다면서요
4) 먹는다면서
5) 가자면서

32 동사 (으)ㄴ/는 대신(에)

연습1 1) 두꺼운 점퍼를 입는 대신에 얇은 옷을 여러 벌 입어요.
2) 외국어 학원에 다니는 대신에 인터넷으로 수업을 들을 거예요.
3) 건강을 위해 엘리베이터를 타는 대신에 계단을 자주 이용해요.
4) 너무 피곤해서 저녁을 만들어 먹는 대신에 시켜 먹으려고 해요.

연습2 1) 비싼 대신에
2) 근무하는 대신에
3) 떨어지는 대신에
4) 준비하는 대신에

연습3 1) 일찍 퇴근하는 대신에
2) 해외여행을 가는 대신에
3) 떡볶이 대신에
4) 교통이 불편한 대신에

33 피동

연습1 1) 풀렸어요
2) 보여요
3) 들려요
4) 팔려요
5) 닫혔어요
6) 쫓겨요
7) 물렸어요
8) 안겼어요

연습2 1) 열려
2) 떨린다
3) 빼앗겼다
4) 찍혀서
5) 걸려
6) 닫히니까
7) 놓여
8) 뽑혀서

연습3 1) 만들어졌다
2) 써지네요
3) 찢어졌어
4) 꺼져
5) 이루어질 거예요

연습4 1) 막히네요
2) 팔리나요
3) 끊겨요
4) 들려서
5) 잠겨
6) 깨지고
7) 켜져요
8) 쌓여서

연습5 옷장에 옷이 걸려 있어요.
책장에 책이 꽂혀 있어요.
의자에 가방이 걸려 있어요.
스피커가 켜져 있어요.
책상 위에 노트북이 놓여 있어요.
슬리퍼가 책상 아래에 놓여 있어요.

활동 전구와 창문이 깨져 있었어요. 그리고 벽지도 찢어져 있었어요. 전구와 창문을 바꾸고 도배도 새로 해 주세요. 바닥에 쓰레기도 많이 쌓여 있었는데 청소도 깨끗하게 해 주셨으면 좋겠어요. 감사합니다.

모범 답안

34 동작동사(으)ㄹ 만하다

연습1 1) 귤이 달아서 크기는 작아도 먹을 만할 거예요.
2) 강의가 재미있어서 인터넷으로 들을 만할 거예요.
3) 이 공연은 신나서 친구들과 볼 만할 거예요.
4) 고속버스는 좌석이 넓어서 오래 걸려도 탈 만할 거예요.
5) 비빔국수는 요리법이 간단해서 만들어 볼 만할 거예요.

연습2 2) 찍을 만한
3) 입을 만한
4) 받을 만하지요
5) 고장 날 만하지요

연습3 2) 사용할 만할 거야
3) 볼 만해
4) 받을 만해
5) 먹을 만한

연습4 1) 볼 만할 거예요
2) 살 만할 거예요
3) 할 만한 아르바이트 없을까
4) 선생님께 칭찬받을 만하지
5) 쉴 만한 데 없을까

35 동사(으)ㄹ 테니(까)

연습1 1) 제가 커피를 주문할 테니까 타냐 씨가 앉을 자리를 찾아보세요.
2) 내가 마트에서 사다 줄 테니까 필요한 물건이 있으면 말해.
3) 내가 영화표를 예매할 테니까 같이 영화 보러 갈래?
4) 제가 필요한 자료를 찾을 테니까 상진 씨가 자료를 복사해 주세요.
5) 예약하신 자리로 안내해 드릴 테니까 이쪽으로 오십시오.

연습2 1) 읽을 수 있을 테니까
2) 좋아할 테니까
3) 맛있을 테니까
4) 어렵지 않을 테니까
5) 끝났을 테니까

연습3 1) 다시 이야기할 테니까 잘 들으세요.
2) 인터넷에 찾아보면 나올 테니까 한번 검색해 볼까?
3) 다시 가면 찾을 수 있을 테니까 너무 걱정하지 마세요.
4) 내가 도와줄 테니까 걱정하지 말고 같이 공부하자.

36 동작동사(으)나 마나

연습1 1) 졸업 여행이라서 친구에게 물어보나 마나 반드시 간다고 할 거예요.
2) 키도 크고 날씬해서 입어 보나 마나 잘 어울릴 거예요.
3) 그 사람은 만나면 같은 말만 해서 이번에도 들으나 마나 똑같은 내용일 거예요.
4) 접수 기간이 지나서 서류를 보내나 마나 소용이 없을 거예요.

연습2 1) 가나 마나예요
2) 운동을 하나 마나예요
3) 있으나 마나예요
4) 쓰나 마나예요

연습3 1) 찾아보나 마나
2) 전화해 보나 마나
3) 물어보나 마나
4) 먹어 보나 마나

37 명사에 비해(서)

연습1 1) 이번 시험은 지난 시험에 비해 점수가 낮아요.
2) A사는 B사에 비해 월급이 많아요.
3) 올해 여름은 작년 여름에 비해 기온이 더 높아요.
4) 편의점은 마트에 비해 우윳값이 비싸요.

연습2 1) 가격에 비해 양이 많아요.
2) 나이에 비해 어려 보여요.
3) 얼굴에 비해 안경이 커요.
4) 공부한 시간에 비해 점수가 높아요.

연습3 1) 원룸에 비해 조금 불편했거든요
2) 1편에 비해 재미없었어요
3) 나이에 비해 키가 좀 커요
4) 가격에 비해 품질이 별로예요

활동 여성의 스마트폰 사용 시간은 남성에 비해 짧은 것으로 나타났으며 20대가 10대에 비해 더 많이 사용하는 것으로 나타났습니다. 또한 한 달 평균 사용하는 앱은 직장인이 학생에 비해 많았습니다.

38 동작동사 는 바람에

연습1 1) 지하철 막차가 끊기는 바람에 택시를 타고 집에 갔어요.
2) 갑자기 폭우가 내리는 바람에 야외 콘서트가 취소됐어요.
3) 지갑을 집에 놓고 오는 바람에 친구에게 돈을 빌렸어요.
4) 버스에서 깜빡 조는 바람에 두 정거장이나 지나서 내렸어요.
5) 회의가 갑자기 취소되는 바람에 오후에 시간이 생겼어요.

연습2 1) 늦게 입국했어요
2) 세수도 못 했어요
3) 학교에 지각했어요
4) 사진도 못 찍고 잠만 잤어요

연습3 1) 바람이 세게 부는 바람에
2) 미끄러지는 바람에
3) 옆집에서 큰 소리로 떠드는 바람에
4) 고향에 돌아가는 바람에

39 동사 (으)ㄴ/는 만큼, 명사 만큼

연습1 1) 누구나 주는 만큼 받기를 원해요.
2) 열심히 준비하는 만큼 결과가 좋을 거예요.
3) 무대 경험이 많은 만큼 실수가 적어요.
4) 일이 힘든 만큼 보람을 느꼈어요.
5) 제가 도움을 받은 만큼 다른 사람을 돕고 싶어요.

연습2 1) 흐엉만큼 나츠미도 한국어를 잘해요.
2) 축구만큼 야구도 즐겨 해요.
3) 우유만큼 녹차도 자주 마셔요.
4) 백화점만큼 시장에도 좋은 물건이 많아요.

연습3 1) 일한 만큼
2) 연습한 만큼
3) 먹고 싶은 만큼
4) 나츠미만큼
5) 유명한 만큼

40 동작동사 (으)려다(가)

연습1 1) 버스를 타려다가 길이 막힐 것 같아서 지하철을 탔어요.
2) 메일을 보내려다가 직접 보고 말하고 싶어서 찾아왔어요.
3) 영화를 보러 가려다가 갑자기 일이 생겨서 못 갔어요.
4) 인터넷으로 주문하려다가 그냥 마트에 가서 샀어요.
5) 커피를 한 잔 더 마시려다가 밤에 잠을 못 잘 것 같아서 참았어요.

연습2 1) 찍으려다가
2) 훔치려다가
3) 도망가려다가
4) 잡으려다가

연습3 1) 이사하려다가 적당한 집을 못 구해서 그냥 살기로 했어요.
2) 고향에 갔다 오려다가 기차표를 못 구해서 그냥 집에 있었어요.

3) 노래방에 가려다가 몸이 좀 안 좋아서 그냥 집에서 쉬었어요.
4) 공을 차려다가 넘어져서 좀 다쳤어요.

41 동사 기는(요)

연습1 1) 싱겁기는
2) 지루하기는
3) 바꾸기는요
4) 잘 보기는
5) 잘 안 먹기는요

연습2 1) 잘 부르긴요
2) 잘 치기는
3) 예쁘기는요
4) 자연스럽기는요
5) 고맙긴

연습3 1) 쉬기는요. 할 일이 많아서 잠도 잘 못 잤어요.
2) 잘 나오긴. 사진이 흔들렸는데.
3) 잘하긴요. 요리책 보고 그대로 한 거예요.
4) 좋기는. 화장을 해서 그래.

42 명사 (이)라도

연습1 1) 커피라도
2) 선풍기라도
3) 실내에서라도
4) 문자로라도

연습2 1) 누구라도 맛있다고 할 거예요
2) 무슨 말이라도 해 봐
3) 언제라도 찾아와
4) 어디에라도 갈 수 있어요

연습3 1) 배고프면 라면이라도 끓여 먹을까?
2) 그럼 다음에라도 같이 보러 가요.
3) 그럼 같이 커피라도 한잔 마실래요?
4) 그럼 버스표라도 알아봐.

43 동사 (으)ㄹ 수밖에 없다

연습1 1) 다리를 다쳐서 운동을 그만둘 수밖에 없어요.
2) 급한 일이 생겨서 예약을 취소할 수밖에 없어요.
3) 꼭 필요한 물건이라서 비싸도 살 수밖에 없어요.
4) 빨아 놓은 옷이 없어서 어제 입은 옷을 다시 입을 수밖에 없어요.
5) 장민은 항상 친절해서 사람들이 좋아할 수밖에 없어요.

연습2 1) 미룰 수밖에 없어요
2) 긴장할 수밖에 없어요
3) 떨어질 수밖에 없어요
4) 옮길 수밖에 없어요

연습3 1) 유행할 수밖에 없지요
2) 비쌀 수밖에 없어요
3) 살 수밖에 없었어요
4) 친할 수밖에 없지요

44 동작동사 느라(고)

연습1 1) 이삿짐을 옮기느라고 전화를 못 받았어요.
2) 내일 회의 준비를 하느라고 퇴근을 못 하고 있어요.
3) 친구와 이야기를 나누느라고 부르는 소리를 못 들었어요.
4) 방학 동안 아르바이트를 하느라고 여행을 못 갔어요.
5) 발표할 때 필요한 자료를 만드느라고 저녁을 못 먹었어요.

연습2 1) 수업 준비물을 챙기느라고
2) 기타를 배우러 학원에 다니느라고
3) 집안 대청소를 하느라고
4) 이사 준비를 하느라고

연습3 1) 친구의 일을 도와주느라고
2) 시험공부를 하느라고
3) 동창회가 있어서 모임에 다녀오느라고
4) 봉사 활동을 하느라고

연습4 1) 아니요, 고향에서 온 친구에게 서울 관광지를 안내해 주느라고 공부를 거의 못 했어요.
2) 아니요, 회의 보고서를 작성하느라고 점심을 못 먹었어요.
3) 아니요, 아파서 병원 진료를 받느라고 못 갔어요.
4) 네, 오늘까지 내야 할 과제를 하느라고 잠을 거의 못 잤어요.

연습5 2) 발표 자료를 정리하느라고 약속 시간에 늦어서 친구에게 미안하다고 한 적이 있어요.
3) 컴퓨터 게임을 하느라고 숙제를 안 해서 부모님께 혼난 적이 있어요.

45 명사 만에

연습1 1) 옷을 주문한 지 열흘 만에 옷이 도착했다.
2) 기차표를 판 지 20분 만에 표가 매진됐다.
3) 대학에 입학한 지 5년 만에 졸업을 했다.
4) 이삿짐을 정리한 지 6시간 만에 정리가 끝났다.
5) 아르바이트를 찾은 지 한 달 만에 마음에 드는 일을 찾았다.

연습2 1) 네 시간 만에
2) 한 달 만에
3) 일 년 만에
4) 십 년 만에

연습3 1) 하루 만에
2) 열흘 만에
3) 한 시간 만에
4) 일 년 만에
5) 한 달 만에

활동 가: 나츠미, 정말 오랜만이다. 한국에 언제 왔어?
나: 이틀 전에 왔어.
다: 하나도 안 변했네. 얼마 만에 한국에 왔어?
나: 3년 전에 고향에 돌아갔으니까 3년 만에 왔네.
가: 정말 오랜만에 왔네. 오랜만에 오니까 어때?
나: 옛날 생각도 나고 좋아. 이반, 너는 아들을 낳았다면서?
가: 응. 결혼한 지 5년 만에 낳은 아들이라 더 이쁜 것 같아.
다: 정말 잘 됐다.
가: 흐엉, 너는 어때? 회사 생활은 괜찮아?
다: 당연하지. 벌써 입사한 지 1년이 지났는데. 지난주에 승진도 했어.
나: 입사한 지 1년 만에 승진을 했어? 우와~ 흐엉, 정말 대단하다.

46 명사에 따라(서)

연습1 1) 성별에 따라서
2) 계절에 따라서
3) 거리에 따라서
4) 지역에 따라서

연습2 1) 인원
2) 연령대
3) 결과
4) 적성

연습3 1) 나라에 따라서 식사 예절이 달라요.
2) 장소에 따라 옷차림이 바뀌어요.
3) 직업에 따라서 하는 일이 달라요.
4) 전기 사용량에 따라 전기 요금이 결정돼요.

활동 가: 우리 다음 주에 뮤지컬 보기로 했잖아. 지금 예매할까?
나: 응. 그럼 토요일에 볼래? 내가 좋아하는 배우가 토요일에 나오거든.
가: 요일에 따라서 출연 배우가 다르구나. 좋아. 자리는 어디로 할까?
나: 좌석에 따라서 가격이 다른데 너는 어디에 앉는 게 좋아?
가: A석이 잘 보이기는 하겠지만 너무 비싸니까 B석으로 할까?
나: 그래. 좋아. 그럼 다음 주 토요일, B석으로 예약할게.
가: 잠깐만. 결제하는 카드에 따라서 할인율이 다르네. 혹시 경희카드 가지고 있어?
나: 경희카드는 없고 한국카드가 있는데 그걸로 결제하면 되겠다.

모범 답안

47 동사(으)ㄹ까 봐(서)

연습1 1) 햇빛에 얼굴이 탈까 봐서 선크림을 발랐어요.
2) 공연 표가 매진될까 봐 한 달 전에 예매했어요.
3) 눈이 와서 길이 미끄러울까 봐서 운동화를 신고 나왔어요.
4) 약속 시간에 늦을까 봐 외출 준비를 서둘렀어요.
5) 사고 싶은 화장품이 다 팔릴까 봐 퇴근하자마자 화장품 가게에 갔어요.

연습2 1) 옷이 잘 안 맞을까 봐서
2) 부모님께서 걱정하실까 봐
3) 룸메이트가 깰까 봐서
4) 시험에 떨어질까 봐

연습3 1) 이번 달 생활비가 부족할까 봐서 아껴 쓰고 있어요.
2) 친구가 매운 음식을 못 먹을까 봐 삼계탕집을 예약했어요.
3) 차가 막힐까 봐 지하철을 타고 갔어요.
4) 답을 잘못 썼을까 봐 답안지를 다시 확인했어요.

48 동작동사고 나다

연습1 1) 먼저 고기를 볶고 나서 채소를 넣고 끓였어요.
2) 친구와 영화를 보고 나서 쇼핑하러 가려고 했어요.
3) 회의 준비를 마치고 나서 동료와 같이 밥을 먹으러 갔어요.
4) 고등학교를 졸업하고 나서 한국에 왔어요.

연습2 2) 술과 담배를 끊고 나면 건강해질 거예요.
3) 박물관을 관람하고 나면 한국의 문화를 조금 더 알게 될 겁니다.
4) 매일 예습과 복습을 하고 나면 한국어 실력이 좋아질 거예요.

연습3 2) 운동하고 나니까
3) 되고 나니까
4) 차리고 나니까
5) 듣고 나니까

연습4 1) 친구들과 함께 밥을 먹으러 갔어요
이 영화가 왜 이렇게 유명한지 알게 됐어요
2) 바로 집으로 돌아갔어요
마음이 편해졌어요

연습5 1) 듣고 나면
2) 끝나고 나서
3) 넣고 나서
4) 해 보고 나니까

49 상태동사아하다/어하다

연습1 1) 무서워해요
2) 어려워해요
3) 귀여워해요
4) 재미있어해요
5) 슬퍼해요
6) 피곤해해요

연습2 1) 즐거워하니까
2) 심심해해서
3) 속상해하더라고요
4) 부러워해

연습3 1) 어색해하는
2) 재미있어하던
3) 행복해하시면서
4) 아쉽다

활동 그런데 갑자기 '띵동'하고 벨이 울렸어요. 장민이 문을 여니까 친구들이 있었어요. 친구들이 깜짝 생일 파티를 해 줬어요. 장민은 깜짝 놀랐지만 친구들이 많이 와 줘서 행복해했어요.
선물 상자를 열어 보니까 장민이 이반에게 갖고 싶다고 말한 모자가 들어 있었어요. 장민은 아주 기뻐했어요.

모범 답안

50 동사(으)ㄴ/는 편이다

연습1 1) 좁은 편이에요
2) 머리가 긴 편이에요
3) 추운 편이었어요
4) 헬스장에 자주 가는 편이에요
5) 책을 많이 읽는 편이에요

연습2 1) 오래 산 편이죠
2) 문자로 연락하는 편이에요
3) 잘 본 편이야
4) 주변이 좀 시끄러운 편이에요
5) 쇼핑을 많이 한 편이라서

연습3 1) 한국 음식은 우리 나라 음식보다 매운 편이에요.
2) 한국 사람은 우리 나라 사람에 비해 키가 작은 편이에요.
3) 한국의 겨울 날씨는 우리 나라의 겨울 날씨에 비해 추운 편이에요.
4) 한국어는 우리 나라 말보다 어려운 편이에요.

문법 색인

MEMO